所谓

EQ

李世强 —— 编著

情商高，

就是

懂交际

北京工业大学出版社

**图书在版编目（CIP）数据**

所谓情商高，就是懂交际／李世强编著．—北京：北京工业大学出版社，2018.3（2022.3 重印）

ISBN 978-7-5639-5938-9

Ⅰ．①所…　Ⅱ．①李…　Ⅲ．①人际关系学－通俗读物　Ⅳ．①C912.11-49

中国版本图书馆 CIP 数据核字 (2018) 第 001210 号

---

**所谓情商高，就是懂交际**

编　　著：李世强
责任编辑：贺　帆
封面设计：清水设计工作室
出版发行：北京工业大学出版社
　　　　　（北京市朝阳区平乐园 100 号　邮编：100124）
　　　　　010-67391722（传真）　　bgdcbs@sina.com
经销单位：全国各地新华书店
承印单位：唐山市铭诚印刷有限公司
开　　本：787 毫米 ×1092 毫米　1/16
印　　张：14
字　　数：180 千字
版　　次：2018 年 3 月第 1 版
印　　次：2022 年 3 月第 3 次印刷
标准书号：ISBN 978-7-5639-5938-9
定　　价：39.80 元

---

# 前　　言

　　社会在快速地发展，科技也在日益进步，越来越多的人涌入大城市，越来越多不同性格、不同地域的人相聚在一起。这时，你会发现，你所处的圈子、你所在的交际场所、你所工作的环境都要比以前复杂得多。在这样复杂的环境中，在竞争如此激烈的职场中，你如果还是以学生时代的单纯心态来对待这个社会，如果你还觉得自己是个孩子，用孩子般单纯的心态来应对你所面对的激烈竞争，最后等待你的只有"出局"这个词。

　　对于刚刚步入社会的青年人来说，他们最崇拜、最羡慕的肯定是那些成功人士，但不知大家是否发现，这些被人们视为成功人士的人身上都具有几个共同的特点：会做人、会办事、能力强、有个人魅力。在任何公开的场合中，他们的一言一行、举手投足都显得那样从容淡定，他们的每一句话都让人们觉得是金科玉律。无论是在创业时，还是在管理公司时，你总能看到他们的个人魅力，他们振臂一呼，立刻就会有万人跟随；他们身陷窘境，也会有八方来援；他们涉入哪个领域，就会在哪个领域中傲视群雄。我们不要单纯地认为这是作秀，其实这是他们真正的实力，是经济领域的实力，是投资领域的实力，是管理领域的实力，更是社交领域的实力，这些全都是实实在在的学问。如果你不懂这些，单纯地认为只要真正干，只要功夫深，铁杵一定磨成针，那么你的道路永远是崎岖泥泞、坎坷不断的。

这个世界并非你认为的那样空旷，天空可以任你翱翔；这个社会并非你想象的那样简浅，只要你到来，其他所有人都会是你的配角。只有早日摆脱掉单纯幼稚的想法和思想，尽快成熟起来，你才能在这个社会上立足，才能真正迎来像那些成功人士一样辉煌的人生。

本书为读者讲述如何在交际中展现出超高的情商和智慧。本书结合了很多成功人士的案例，再加上理论知识，可以让读者更容易地把这些成功人士的经验结合到自己的现实生活当中，在这条交际的道路上，也展现出自己的高情商。相信每一位读者在看完本书后，都会对交际有新的了解和认识，通过交际这条道路，走出自己新的辉煌之路。

# 目　　录

## 第三章 交际要懂礼仪，否则将会寸步难行

## 第四章 切忌意气用事，你的情绪你做主

## 第五章　说话要看场合，明白什么话能说什么话不能说

## 第六章　职场注意言行，让自己在办公室如鱼得水

## 第七章　管理是个技术活，没你想象得那么容易

## 第八章　谈判就是博弈，并非你善良对方就会仁慈

## 第九章　商场如战场，关键时刻就要勇往直前

## 第十章　婚姻从来都不简单，情商高过得才滋润

# 第一章　情商高的人，
# 交际场合绝不"吃亏"

# 好人可以当，好人当"烂"了只能自己受罪

什么是"烂好人"？"烂好人"就是凡事都迁就别人、有求必应的人。"烂好人"首先是好人，但这样的"好人"通常要委屈自己。他们与人方便，有时甚至宁愿牺牲自己也要方便别人。这样的"烂好人"未必能得到大家的认可，自然不值得我们效仿。如果我们想在人际交往中游刃有余，就应拿捏好分寸，千万不能死要面子活受罪。

小林离开公司一个月了。前不久，原公司里的同事打电话来跟他问好，没想到一句话点醒了他，同事在电话那头诉苦说："天气好热呀！你走了，都没人给我们买可乐了。"

他突然回想起自己在原公司的种种作为，正经工作没做多少，光当"烂好人"了，最后落得个离职的下场。

刚进公司时，由于是新人，他做事总是小心谨慎。每逢假日值班，不论是谁开口，他都答应，为此他没有休假日，成了真正的值班大户；平时，他总是第一个到公司打扫卫生，只要谁抱怨一句："没吃早餐真难受啊！"他就赶紧将自己买的咖啡送到人家手上；天热的时候，他还经常请大家喝冰镇可乐。慢慢地，他就成了原公司人眼中的"大好人"。

但随着工作量的增多，他没时间像以前那样为大家服务了，接着，大家不满的情绪也就随之而来了。有的人甚至还当着他的面说："别

摆谱！去，去帮我把这些文件送给那个部门。""哎，我们这没打印纸了，你去仓库给我们取一些来！"碍于情面，他还是做了。

就这样没多久，不仅同事一有事儿就找他，领导也开始拿工作之外的事儿烦他。

有一次，主管派他去车站接一个亲戚，结果他在公司门口就和经理撞了个满怀。经理问他去哪儿，为了不得罪主管，他就谎称去招工。后来这事儿被经理知道了，经理不怨主管凡事麻烦他，反倒训他身为人事部职员，都不能做到诚信二字，又怎能管理他人呢？给经理留下此等印象，他也没脸在公司待下去了，没多久他就递交了辞职申请，随后离开了公司。

刚入职场的新人，由于初入社会，难免会有畏惧心理，因此凡事都战战兢兢，畏首畏尾。但是俗话说："人善被人欺，马善被人骑。"没有限度地退让和妥协，只会让人觉得你好欺负，然后变本加厉，等到时间一长，就会习惯成自然，你要想翻身就难上加难了。因此，年轻人在刚开始时就要学会拒绝。

唐娜是一位职场新人，毕业后在一家外资企业做文员，工资待遇不算太高，但是唐娜觉得，从基础开始，自己总是会有出头之日的。因为工作是文秘性质的，因此会接到很多乱七八糟的杂活。

由于性格所致，刚开始在遇到分外的工作时，唐娜总是一口回绝"我很忙"，对方也就识趣地离开了。可回绝之后，她发现那个被拒绝的人总是刻意回避她，偶尔还在背后叨咕她的闲话。

被大家冷落了一段时间后，唐娜痛定思痛，决定灵活应对，委婉拒绝。一次，一位其他部门的主管过来跟她说："麻烦你先处理一下这份文件。"唐娜抬起头微笑着说："实在对不起，我正在制作会议资料，这个是咱们明天开会用的，我处理完这个再帮您处理文件可以吗？"没想到这位主管对她说："你忙你的吧，我找找别人。"这一次，唐娜用委婉的方式拒绝了她职责外的事务。

　　之后，唐娜通过这种方式不仅在公司没有得罪人，还赢得了别人的尊重，也被主管看作很有原则的人。没多久主管便找她谈话，决定给她升职加薪。

　　故事中的唐娜在做事情的时候算得上"富于心计"。她不但巧妙地拒绝了"身外之事"，还赢得了别人的尊重，为自己赢得了上升空间。她是年轻人学习的榜样：让自己成为一个好人，却不能没有原则。

　　刚进入社会的年轻人要想使自己成为有原则的"好人"，就要注意：首先，分清责任，别替别人背黑锅；其次，预防别人设陷阱；最后，不要被别人当枪使。

　　做好人本没有错，但是如果做个"烂好人"那就不好了。年轻人进入社会以后，如果对于别人的请求、吩咐、指挥，不讲原则地全盘接受，那么不仅会影响到自己的正常工作，时间长了，还会成为别人眼中的软柿子，任人揉捏。所以，年轻人要助人为乐，但是更要讲原则，避免让自己成为"烂好人"。

# 有些"丑话"，就得说在人前

在谈论中，人们大都以和为贵，彼此尊重，互相体谅，尽量不说"丑话"。但在必要的情况下，我们要把"丑话"说在前面，给对方一个心理准备，让对方有所警觉。如果忽略了这些，以后出现了麻烦，就有些说不清楚了。

很多时候，说"丑话"不是为了让别人难堪，而是提前达成"君子协议"，在彼此清楚的情况下往来，目的就是减少不必要的麻烦。

杜文是一个长得非常好看的姑娘，但她的外号却是"丑小姐"，这是为什么呢？其实是因为杜文在跟人交往时，有什么事都会提前说，不会等不愉快发生了之后再说。

"小文，有些'丑话'你没必要提前说，很多时候别人听了会不高兴。"有朋友不理解杜文的行为，认为她不但多此一举，还容易得罪人。

"我不觉得那些'丑话'有什么不好，也许不是很好听，但都是必要的大实话。"杜文认为这样才是对的。

有一次，同事家里有事，来跟杜文借车。

"小文，我家的车坏了，我想问你借车可以吗？"同事询问道。

"当然可以，你需要借几天？"

"大概三五天吧，你这两天用吗？"同事怕自己借走太长时间，耽误杜文的事。

"我暂时不用，"杜文开玩笑似的说，"车子时间长了，发动机不怎么好用，使用时间长了容易熄火，你要注意点，万一误事了可不要怪我啊！"

同事早就习惯了杜文的说辞，没说下文就直接把车开走了。

同事一家开车旅游，结果途中下起了雨，路不好走，车子陷入泥坑怎么也出不来。加大油门时发动机忽然熄火了，车子怎么也打不着火。

"这是什么破车啊？真倒霉。"同事一家连声抱怨，那天等雨停了他们才找人把车修好。

同事在还车时，满脸不高兴，杜文说："我早跟你说过了，你还坚持借车，这可不能怪我啊。"

没办法，同事一想是这么回事，再也不好说什么了。


如果杜文没有把"丑话"说在前面，同事经历了淋雨事件后肯定会责怪杜文把有毛病的车子借给她，她难免会心生不满，影响彼此之间的关系。现在，同事虽然不高兴，但也怪不到杜文头上，毕竟她已经提醒过了。

在交际中，维护好人际关系是实际需要，这是不争的事实。在交谈时，我们不妨直言，不要因为不好意思，就把什么都藏在心里。只要"别人明白了就好"还不够，很多时候把话说出来才可靠。

"这怎么好意思说啊？""说了别人会不会生气啊？"有些人在跟人相处时总抱着这种心理，宁愿自己心里苦，也不说"丑话"，但事实证明，如此下去，你的心只会越来越苦，得到的也会越来越少。

说"丑话"是有原则的，不到必要时不要随便开口，如果非要说"丑话"，就一定要好好说，不能得罪人。

要想说好"丑话"，就必须对其有正确的理解，跟人坦白说出自己的想法，这是一种很自然的行为。每个人都有自己的苦衷，都有适当的需求，不能为了维持关系，就一再委曲求全，不说难听话。如此，必然会一事无成，心中的不平也会加深。

尤其是在涉及利益或责任问题时，一定要把"丑话"说在前头。很多朋友都因为利益问题发生纠纷，不欢而散，大都是因为之前话说得不够透彻，后面的矛盾、麻烦才会一直出现。

责任也一样。一旦需要负责任时，如果没有说"丑话"，我们本能地就会开始推诿，甚至颜面撕破，从此老死不相往来。仔细想想，这是比说"丑话"更糟糕的后果。

说"丑话"的方式有很多，掌握技巧后，"丑话"也可以说得很好，也能让别人甘愿接受，还感觉甘之如饴。

说"丑话"时首先要注意自己的语气，不一定要一本正经，非常严肃，完全可以用开玩笑的语气跟对方说，既轻松又能达到自己的目的。

刘丽是个大大咧咧的女孩子，做什么事都很粗心，经常丢三落四，用她妈妈的话来说就是："你什么都能弄丢，就差丢了自己了。"

朋友们都知道刘丽的性格，很多时候大事都不敢找她帮忙。

刘丽有一次和朋友借了本书，朋友对她说："丽丽，这本书不错，你要好好看，还要好好保管。要是弄丢了，你可要赔我！"朋友开玩笑似的笑着说。

刘丽认真记住了，笑着保证自己不会弄丢。

朋友用玩笑的方式把"丑话"说在了前面，刘丽不但没生气，还用心记在了心里。这就是好方法起到的好效果。

在说"丑话"时还要说清楚前因后果，让对方知道这么做的好处和不做的坏处，从而在心理上接受你的"丑话"。

有些人一开口就是"丑话"，其他的什么也不说，这样很容易让对方心里不服气。因此，我们在说"丑话"之前，多下功夫，跟对方解释清楚，尽量把后果说得严重些，让对方重视。

我们在跟敏感或重要的人说"丑话"时，语气要诚恳、委婉，如果说重了，对方会承受不住或者对我们不满。在必要时，我们要把自己放低，抬高对方，这样对方就更容易接受了。

有一次看杂志，看到过这样一个故事：

> 徐主管是公司里的元老，职位不高但资历很深，很多人跟他说话都很小心，生怕得罪了"危险"人物。
>
> 刘经理年纪轻，说话做事很有策略。
>
> "徐主管，我要诚恳地拜托您一件事，"刘经理一开口就说得很真诚，"公司制定了新规定，谁要是完不成任务，就会扣奖金。您是公司的元老，我就拜托您起好带头作用了。"
>
> 刘经理几句话就说得徐主管非常高兴，他自然知道自己完不成任务同样会扣工资的事实，但还是欣然接受了刘经理的"丑话"。

说"丑话"也要看对象，不同对象说的方式也不同。掌握了正确的说话策略，才能在办好事的同时又不得罪人。

很多时候，"丑话"是必不可少的，既然不能避免，那我们就尽量把它说好。这样既能达到交谈的目的，又不得罪人，还能体现自己的交际能力，得到他人的欣赏和尊重。

把"丑话"说在前面就等于打了预防针，给人警示又让对方做好心理准备，必要时还能维护自己的利益，避免承担不必要的责任，减少事后麻烦。

# 别给自己找麻烦，有些烂摊子你收拾不了

"哥们儿，能帮我一个忙吗？你听我细细说，这事儿有点复杂……来，咱们到那边没人的地方说……"

生活中，我们一定听过朋友说这样的话。当我们听下去之后，多数都会发现：这件事非常有风险，否则的话不会搞得如此神神秘秘。为了自己的安危，同时也是给朋友提醒，多数情况下，我们都会选择拒绝，并对他进行劝阻；但是，对方却总习惯一意孤行，有一些人最后还是被朋友说服了。结果到最后出了问题，被你一语中的之时，他就会再一次找到你，让你帮他收拾烂摊子。

面对这种请求，我们该如何办呢？不去管他，会被看作没有义气；帮了吧，却又惹火上身，结果给自己惹下不少麻烦。最后，我们不得不硬着头皮选择了帮助。

可是，你总是这么做，是否想过，帮这个忙，其实已经突破了你的底线？为了所谓的义气，你是否想过要承担更多的风险？

潘海涛和王蒙是一对好朋友，两个人从小就认识，好得像弟弟与哥哥一般。潘海涛喜欢玩闹，而王蒙则较为稳重。很多时候，都是王蒙照顾着潘海涛。

大学毕业后，这一对好朋友一起到了上海去工作，并在闵行区合租了一套房子。来到这座大城市，潘海涛异常兴奋，又结识了不少新朋

友，所以每天都是过着花天酒地的生活，有时候还会把朋友们带到家里狂欢。一晚上下来，屋里早已是一片狼藉，他却总是借口太累、太困不愿意收拾，最后还是王蒙打扫残局。

王蒙不是没有想法，可是看着这个从小和自己一起长大的玩伴，他又能说什么呢？

潘海涛还有一个毛病，那就是干什么都是三分钟热度。今天兴趣盎然地抱回来一只小狗要养，结果没过一个星期，就不愿意再管了；明天嚷嚷着要把屋里的格局再调整一下，结果没干一半，就大呼小叫地喊累；后天说要去钓鱼，头一天跑到超市购置各种设备，结果第二天早上却迟迟不肯起床……

可想而知，最后这些烂摊子，都是由王蒙去解决的。

这些事，都是生活中的琐碎事，所以王蒙尽管有时候气不打一处来，可还是容忍了潘海涛的行为。不过，后来的一件事，却让王蒙后悔莫及。

在上海工作一年后，王蒙攒下了一笔钱，然后买了辆二手汽车。潘海涛得知也很高兴，就死缠烂打要借出去开几天，说是让朋友们也看看。王蒙犹豫了很久，最后还是把车钥匙给了他。谁知道，潘海涛喝完酒后开着自己的车撞坏了一处市政建设，但他因为害怕，选择了逃跑。

几天后，警察根据视频录像，找到了王蒙，这时候，他才知道这件事。他立刻找到潘海涛，谁知潘海涛此时却说："哥，我是真害怕！我真的不敢去，哥，这事儿你帮我顶了吧！我又没有撞到人，就是罚点钱就能解决了！"

这一次，王蒙终于无法忍受了："海涛，我是你的朋友，不是你的挡箭牌！这些年，我帮你解决了多少问题？你每次向我开口的时候，我说过不了吗？可是这一次，我不可能答应你！如果你不去自首，我现在就让警察直接进来！"

听到这里，潘海涛吓得赶忙抱住王蒙，可是无论他如何说，王蒙再也不愿意帮他收拾烂摊子了。

试想，如果王蒙继续为潘海涛收拾烂摊子，那么结局会是怎样？恐怕不仅只是罚款、拘留这么简单。如果被警察调查出顶罪，那么等待他的只有牢狱之灾了。

那么，为什么潘海涛敢于提出这样的要求呢？因为过去的王蒙有一些没有原则，总是妥协为潘海涛收拾烂摊子。

朋友之间互相帮助，这本身无可厚非。但是，什么事情都有个度，如果没有底线地为朋友收拾烂摊子，变成他的"挡箭牌"，那么这份友谊也在无形之中开始变质，久而久之就将荡然无存。更甚者，做"挡箭牌"的一方，还可能会因为收拾残局，而让自己惹上麻烦，惹上官司。我们一定要了解，中国的法律中有包庇罪、窝藏罪，等等，如果一旦被警方调查发现，那么等待自己的同样是身陷囹圄，以及相关民事赔偿责任。

所以，无论我们与朋友的关系多么好，我们都必须学会拒绝对方的过分要求。尤其是涉及底线的事情，我们绝对不能突破。

1. 明确告诉朋友，自己的底线在哪里

也许在一段时间内，朋友因为各种原因，需要我们经常性帮忙，那么在答应他之前，我们就应该和他说明：哪些事情自己责无旁贷，哪些事情自己不会去做。例如，朋友让你处理一些工作，你可以和他说："我能做的，是帮你将格式内容、文本内容整理好，但是具体填写和计算方面的事情，我不能做。因为，这些内容涉及你的工作核心，一来我并不了解，二来这是你本身应该做的事情，如果让领导知道是别人帮你完成的，那么相信你一定会受到批评。"

相信，如果你的朋友懂礼貌、识大体，那么就会接受你的赞同部分和拒绝部分，而不是纠缠着你全部处理。

2.说明原因，杜绝朋友的执迷不悟

如果朋友执迷不悟，依旧要求你帮助他收拾烂摊子，这时候，你就不要再被其他因素所困扰，而是应当直言告诉他："我不是你的'保姆'，所以不会为你闯下的祸端负任何责任。如果你真的是我的朋友，就不应该把我向火坑里推。"

这样的拒绝尽管看起来有些不近人情，可是这正是我们为了保持底线而不得不说的话。并且，如果你的朋友真的与你交心，那么他就会收回要求，向你道歉。这个时候，我们不妨安慰他一下，然后可以帮忙提出一些解决问题的方法。


# 在错误的路上坚持，迎接你的还是错误


如果一块地不适合播种麦子，那么可以试试种豆子；如果这块地也不适合种豆子，那就试着撒一些花种，或许就能开花。一块地，总有适合它的种子。但是如果你非得坚持种麦子的话，那么可能你的收成就不会如意，甚至会颗粒无收。

为人处世也是一样，那些聪敏的人，如果发现此路不通，他们一定会选择走另一条路，而不是沿着那条错误的路走到黑。年轻人更应该多给自己一些机会，换一个角度思考，这样也许就会柳暗花明了！


孙伟成绩不好，人又很顽皮，非常不爱学习，这让父母和老师都非常头痛。孙伟的父母一直望子成龙，希望孙伟能进最好的高等学府。可是高考的时候，不要说最好的高等学府了，就是差一点的二流学校孙伟都没考上。不甘心的孙伟父母，要求儿子在家过了两年补习生活，请了很多家庭教师，但最终还是没考上。

几次失败之后，孙伟终于想明白了，或许学习这条路真的不适合自己，继续这么坚持下去，也未必会有好结果。条条大道通罗马，自己为什么非得去和别人挤这座独木桥呢？于是孙伟劝服了父母，自己只身一人去了深圳。

很快，开朗、积极的孙伟就得到了周围人的认可，自己也做起了小生意。当他的那些考上大学的同学还在为找工作而犯愁时，孙伟已经成了富甲一方的大老板，甚至曾经的同学还有很多到他的公司去工作。

有时，坚持未必就能胜利，迎难而上也未必会是柳暗花明。如果当初孙伟一直坚持考大学，那么就算他考上了，也是成绩不好的学生，他也未必生活得开心；而转变方向的孙伟却成了优秀的商人，纵横商海、快意人生。

如果方向不对，那么所有的努力都将白费，甚至无谓的坚持很可能导致南辕北辙，只会让自己离成功越来越远。所以，年轻人不要盲目地埋头苦干，而要时不时地看看自己所走的路到底对不对。进入了社会更是如此，工作、交友，做人、做事，都不要钻牛角尖，有时转个弯，走另一条路，结果往往会更好。

毕雪普最初想当一名医生，但是医学院学费很贵，家里没钱的毕雪普只得选择当药剂师。当药剂师时，她协助一位顶尖的皮肤科医生工作。这位医生是专门研究对化妆品过敏的症状的。跟这位皮肤科医生工作几年以后，毕雪普积累了丰富的经验，但是她没有去皮肤科继续钻研，而是在自己的厨房里发明了第一只不会留下唇印的口红。

她的品牌一度占领了25%的市场份额。她的创意使她摆脱了自身经济的窘境，并且成了"发明家"。

毕雪普之所以能成功，就是因为她知道，她绝对不可能因为当皮肤科医生而致富，并且想要在众多技术高超的皮肤科医生之中脱颖而出实在太难了，而发明不留唇印的口红，却能让她快速成功。

年轻人工作以后，可能经常会遇到毕雪普这样的事情，坚持还是转行这是一个问题。年轻人一定要弄清楚自己到底想要的是什么，然后找一条适合自己的路。很多时候，换一条路走不是绝望的来临，而是新生的开始。有时要学会放弃错误的坚持，不要因为一棵歪脖树，而失去整片大森林。

# 为自己造势，提高你的知名度

酒香也怕巷子深，好的产品也需要好的推广。特别是在竞争如此激烈、信息如此发达的今天，对于一个急需开拓市场的企业来说，就更需要造点声势，来提高企业的知名度，这是最快捷、最有效的方式。

让美国总统帮你卖书、卖衣服、卖自行车、卖汽水等，这听起来简直是天方夜谭，但并不是没有可能。只要你策划得法，国家领导人也会成为影响你产品走势的重要砝码。

在美国，有一位出版商，手里积压了一大批滞销的图书，久久不能出手，所以，这位出版商很是着急。经过一番苦想，这位出版商终于想出了一个妙计：给总统送去一本书，并三番五次地征求总统的意见。

日理万机的总统实在没有时间阅读这本书，迫于出版商的纠缠，便随便回了一句：这书不错。这就是出版商要的结果，他马上展开宣传："总统称赞过这本书。"毫无疑问，这本书很快就被一抢而空。

不久，这个出版商又有书卖不出去了，就故技重演，又给总统送了一本。总统很生气上次这个出版商借自己的名望做宣传，于是，就奚落道："这本书糟透了！"出乎意料的是，出版商没有生气，反倒很高兴，出版商马上打出宣传语："这本书深受总统的讨厌。"这次，书又脱销了。

第三次，总统又收到了这位出版商寄来的滞销书。吸取前两次教训的总统心想：这一回，我什么表示都不做，看你怎么宣传？于是，总统真的没有做任何回复。谁曾料到，出版商还是可以借题发挥："现有总统难下定论的书，欲购请从速！"结果可想而知，书再一次脱销了。

因此，出版商借助总统的名望大赚特赚了好几笔。

如今，很多企业想要提高自己的社会知名度，借助名人的威望不失为一条捷径。因为名人常常能在社会上起到一呼百应的作用。所以，如果你身为领导，一定要利用好名人威望来提升自己产品的影响力。即便你和那些名人素未谋面，只要你策划得当，名人效应就能让你的产品得到很好的宣传，让你的产品为大众所知。

要想让别人知道你的产品很好，你还可以利用轰动效应。这会给人们的心理带来强烈的影响和震撼，这就需要经营者采取的方式要新，所谓出奇才能制胜。当然，一定要善于造势，尽可能地把场面做大。这样做不仅可以赢得顾客，还可以获得良好的声誉。

1985年5月的一天，有很多人聚集在香港某闹市区的一个广场上，大家都向天空仰望着，不知道在看什么。原来，几天前，西铁城公司在几家知名报刊上做广告说，为了答谢广大顾客的厚爱，要在一个特定的时间内空投手表。而且允诺，空投的手表质量绝对值得信赖，要是发现捡到的手表在空投时被摔坏了，顾客可以凭此表到西铁城公司指定地点换取此表价值10倍的现金。谁愿意错过这次机会啊，况且万一捡到了坏手表，还可以去领取此手表价值10倍的现金。

于是，大家在那天都纷纷齐聚西铁城公司指定的投放地点，为的就是希望接到西铁城公司空投的手表。人群中，不知是谁高喊一声："来了，来了，直升机在那儿！"只见一架标有"西铁城公司"字样的直升机盘旋在广场中央。两幅巨大标语伴随着"唰唰"巨响从舱门滚落出来。一幅是：想要无烦恼，请用西铁城手表。另一幅是：观产品好坏，请看百米高空赠表。

广场上的人都高声叫好，接着就见一只只闪闪发光的西铁城手表从天而降。大家便形成了"抢表"大军。

结果，坏表持有者寥寥无几。香港市民被第二天公布的坏表率只有万分之八的数字惊呆了，无不交口称赞该表的质量。甚至连该产品中最普通的款式，也被人们吹捧成了是香港市面上最好的手表。依靠此举，西铁城公司取得了轰动性的效应，很快就在香港和内地市场占据了相当大的份额。

西铁城手表这一举动之所以能取得如此大的轰动效应，首先是因为他们具有创造性，调动直升机做广告，消费者以前很少见过这种形式。其次是商品赠送的方式也比较新奇，采用高空赠表，一般公司采用的方式都是购买定量商品赠送。还有一点，也是最重要的，就是坏表可以换取价值10倍于表本身的现金，这一点抓住了人们的心理，人们认为从那么高的地方投放下来，又是手表，一定会摔坏。如果拿到的是摔坏的赠品，那就没什么意义了，而这一点也正是西铁城公司的用意所在，就是向消费者表明自己公司的手表有相当可靠的质量。

可见，要想让别人知道自己公司的产品好，就要利用一种方式来很好地吸引住人们的眼球，进而打动其心。造势的秘诀是什么？利用机会创造出强大的态势，从而形成最大的影响力，这就是造势的诀窍。但是，造势也要讲究尺度和诚信，造势太过，将适得其反。

## 亏要吃在明处，让所有人对你感恩戴德

年轻人爱憎分明、心思简单，遇到自己吃亏的情况，要么厉声反对，要么为了息事宁人而忍气吞声、默默承受。但事实上，这两种方法都有弊端：前一种，可能会影响人际关系，但有时候吃吃小亏也无妨；而默默承受，则往往是"哑巴吃黄连——有苦说不出"，并且时间长了，还会让人当成软柿子，任意揉捏。此时，最明智的做法就是把亏吃在明处，然后自己在暗处得利。

吃亏要吃在明处，要让人知道，要争取补偿。至少，你应该让对方"瞎子吃汤圆——心里有数"。

何南和张桐是邻居，一天晚上，何南偷偷地将两家中间的竹篱笆向张桐家的方向挪了一点，以便让自己的院子更宽一点，没想到却被外出刚刚回来的张桐看到了。

何南走后，张桐非但没有把篱笆挪回原处，反而又往自己家的方向挪了挪，这样何南家的院子就更大了。

第二天，看到这种情况，何南十分愧疚。张桐的主动吃亏，让他产生了"以小人之心度君子之腹"的感觉。所以，何南不仅把篱笆移回了原处，还又往自己家的方向挪了一点。

不仅如此，每次想到这件事，何南都觉得自己欠了张桐好大的人情，所以，总是想方设法地报答张桐。

所以，有时为朋友主动吃亏，朋友心里自然而然就觉得亏欠了你，之后就会想方设法地报答你了。在暗处吃亏就只有白吃亏的分儿，所以在你吃亏的时候，至少要让别人知道你吃亏完全是为了对方。

在英国有一家叫哈利斯的食品加工公司。有一次，公司总经理彼克从食品报告单上发现，他们生产的某种食品的配方中，起保鲜作用的添加剂里面含有有害物质。虽然毒性不大，短期内顾客也发现不了，但如果长期食用，会对身体有害。而对于公司来说，如果不用添加剂，又会影响食品的保鲜效果，继而影响公司的效益。

彼克权衡利弊，最终做出决定：为了自己的长远利益，暂时吃亏。于是，彼克毅然通过媒体把真相告诉了每一名顾客。

和彼克预想的一样，在他做出这样的举措之后，他本人和他的公司都承受了巨大的压力。食品销售量锐减不说，那些从事食品加工的老板也都联合起来，用一切手段打击彼克，指责他别有用心，故意抬高自己，他们一起抵制彼克公司的产品。内忧外患之下，彼克的公司一下子到了倒闭的边缘。唯一值得庆幸的是，此时彼克的公司已经家喻户晓了。

皇天不负有心人。在哈利斯公司苦苦挣扎了四年之后，看清前因后果的政府终于站出来支持彼克了。在政府的证明下，哈利斯公司的产品又成了人们放心购买的热门货，并且有感于彼克为了替大家着想，而放弃了自己的利益这一做法，人们反而更加支持彼克的公司。就这样，彼克公司用了很短的时间就恢复了元气，而且较之前的规模扩大了两倍，并且一举坐上了英国食品加工业的第一把交椅。

彼克选择吃亏是明智的，选择把亏吃在明处更是明智之举，这样人们在领受了彼克的"恩德"后，一有机会，马上就会想着报答彼克。正因为这样，彼克的公司在以后才得以迅速地恢复元气，并且比以前发展得更好。

年轻人刚刚进入社会，吃点小亏不是坏事，但一定要把亏吃在明处，这样，别人才能知道你的付出，进而才会报答你，这样你才能得利，否则就成了"哑巴吃黄连——有苦说不出"了。

聪明人擅长吃亏，并总是把亏吃在明处，这样别人既会对他感恩戴德，又会想方设法地报答他的恩德。此时，"吃亏"不是吃亏，而是做人的一种气度，做事的一种谋略。

# 第二章　面子再值钱，

## 也没有你的生活重要

# 为了面子逞强，只会让自己焦头烂额

"人要脸，树要皮"，这句话，我们一点都不陌生。尤其是对于很多男性而言，有时候为了面子，在朋友面前不免总是摆出一副这样的姿态："没问题！老弟你说的事情很轻松！""这事儿交给我，肯定能办好！"

为了给朋友留下一个好印象，拒绝，似乎成了我们字典里从未出现过的词。

为了朋友两肋插刀，这当然让人敬佩，可是，如果自己明明没有那份实力，却依旧对于朋友的期望有求必应，这是一个成熟的人应有的行为吗？

此时，你也许抱着自己的观点毫不妥协，可是，读完下面这个案例，也许你坚定的内心就会产生动摇。

孙皓有一个朋友名叫赵磊，是一名私企老板。赵磊的生意不断做大，他决定与一家酒店商谈，作为自己的合作定点招待，而孙皓恰恰就在这家酒店工作，于是他自然找到了这个老朋友。

然而，赵磊不知道的是：事实上早在年初，孙皓因为与领导出现摩擦，早已离开了这家酒店。不过，当看到老朋友因为这件事专门宴请自己，加上又喝了点酒，因此孙皓拍着胸口说："老兄，你的事儿就是我的事儿，我一定给你办好！"

"兄弟，我不勉强。我们是新公司，谈判的主动权不多，实在不好做，你可别难为自己，有什么问题就和我说，大不了咱们再想办法！"

听到赵磊这样说，孙皓反而更加要维护自己的形象了："看你说的！我怎么也是这行的老人，也是这家酒店的中层了，这事儿你就放心吧！"

第二天，为了赵磊的这件事，孙皓开始忙碌起来。但结果可想而知：一个已经离职的员工，并且还与领导产生过争执，怎么可能和原单位再有很密切的合作？一转眼，半个月就过去了，但这边却毫无进展。

这天，赵磊给孙皓打来电话，咨询相关事宜，并再一次强调：如果不好办就算了。可是孙皓意识到，如果这个时候拒绝，那么自己无疑丢了大面子。可是，自己该如何进行下一步呢？孙皓陷入了迷茫。

终于，没过两天，他的一个老同事告诉他，酒店可以与赵磊签约，但不是总经理出面，而是老同事本人。因为，赵磊的公司只是小客户，不值得总经理亲自出面。

听到这个消息，孙皓兴奋异常，立刻通知了赵磊。几天后，赵磊与孙皓的前同事签订了合同，交付了一年服务费。当天晚上，赵磊邀请众多朋友，并多次赞扬孙皓办事稳妥。直到这时，孙皓依旧没有告诉朋友们，他早已离开了酒店。他已经陷入了朋友的赞美中不可自拔。

然而让孙皓没想到的是，兴奋没有两天，一盆冷水从天而降。第三天，赵磊去酒店，结果却得知，酒店并没有和赵磊签约！

"我们公司有明确规定，对于企业客户必须由总经理亲自签署合同，你的这份合同是假的，并且和你签约的那个人，上个月刚刚辞职！还有孙皓，已经离职半年多了，根本不是我们的员工！"在总经理室内，赵磊得到了这样的答复。

赵磊一下子傻眼了。他急忙联系孙皓的老同事，却发现早已找不到人。一怒之下，他将孙皓起诉至法院。面对即将到来的牢狱之灾，一向爱笑的孙皓，却再也笑不出来了。

想想看，现实中，孙皓这样的人还少吗？为了让别人高看自己一眼，他们面对朋友的请求，不假思索地拍胸脯，却根本就没有想一想：自己有能力解决问题吗？如果解决不了，又有什么办法去妥善化解吗？

如果答案是否定的，依旧想着"两肋插刀"，那么结局一定如孙皓一般。

　　为了给他人留下好印象硬着头皮答应下来，这是很多人在与朋友交流时，都会选择的行为，但随后我们却丢失了内心的快乐，这是很多人都没有想到的结局。拒绝，真的那么难吗？当然不，但是为了撑起自己的形象，为了打肿脸充胖子，我们不免变得好说话，结果却害了自己。

　　也许在孙皓心里，甚至在我们自己的心里，都会对这一系列行为贴上"卖力不讨好"的标签，甚至抱怨朋友最后的行为有些"太不够义气"，但平心静气地想：如果第一时间告诉朋友自己的现状，明确告知自己的确无法做到，那么朋友又怎么会平白无故地受损失？办不到，只是因为暂时的能力不足；但办不到却也不拒绝，那么只能给朋友留下这样的印象：人品有问题！

　　每个人都想让自己的形象高大，这是人之常情。但是，凡事都不要做过了头，不然真正的形象保不住不说，还给自己找来啼笑皆非的难堪。所以，在面对朋友的一些无法做到的要求时，与其死要面子说大话，倒不如和朋友说明情况婉言拒绝，这样反而会让朋友理解你的难处，并钦佩你的为人。

　　当然，在拒绝的语言上，我们不妨下点功夫，这样才是真正的"婉拒"：

　　1. 给对方提一个建议

　　在拒绝的同时，我们如果能够给朋友一些建议，那么就会冲淡有可能产生的不愉快。例如，你可以说："这几天我的确脱不开身了，实在没办法。但是我知道，有一份资料，能够帮上你不少忙。这个资料，就在图书馆里，你现在赶紧去借出来，这样就不会有麻烦了！"这样，对方不仅会接受你的拒绝，还会因为你的建议反而对你产生感激之情。

　　2. 别太生硬，让对方理解你的苦衷

　　拒绝别人时最忌讳的就是你以一种冷冰冰的、机械化的口气说："不，我没办法做！"这样做，会大大伤害对方的感情，甚至让对方嫉恨于你。想要婉拒，那么我们就应该按捺住内心的冲动，用一种较为缓和的语气去表述。

　　例如，一个朋友想要找你帮忙，你应该让他理解你的苦衷，用无奈的语气说："哥们儿，真是不好意思，虽然我很想帮你，可是我现在正被一项新工作搞得头昏脑涨，所以你看……"与此同时，我们最好配合一定的手势和表情，将这份无奈体现得淋漓尽致。这样一来，朋友即便再想麻烦你，也不得不选择放弃。

# 有时放得下面子，才有可能得到"面包"

毕业生就业问题成了现今一大社会问题。有关部门调查显示：中专毕业生的就业率比专科生高，专科毕业生的就业率比本科生高。其实工作并非我们想象得那么难找，而是挑剔工作的人太多。很多人认为：我是重点大学出来的人，怎么能去干那些活呢？其实说到底就是为了找份体面的工作。但是好工作不是找出来的，而是干出来的，无论什么工作，只要我们投入去做了，必能干出一番成绩来。

洛克是耶鲁大学的毕业生，他毕业之时正好赶上美国经济萧条。此时，大批的大学毕业生都为找不到工作而发愁，就连洛克这样在以前备受社会欢迎的经济管理专业的毕业生也大量过剩。为了生计，洛克决定和几位普通院校的毕业生一起去一家小出租车公司应聘做出租车司机，而且还邀请大学同班同学一起去那里应聘。但是他的这种想法却遭到了同学们的耻笑：我们可是耶鲁大学的毕业生，怎么可能去做出租车司机呢？简直太没面子了。最后班里的同学仅有洛克一人做了出租车司机，其他人还在寻找"有面子"的工作。

洛克因为懂经营管理，他的出租车生意格外好。没过多久，出租车公司经理看中他的经营才能，把他调到身边做了自己的助理。几年后，经理岁数大了，想退休，但子女中没有人愿意经营他的只有十几辆车的小公司，经理便找到洛克，以极低的价格把公司转让给了洛克。

洛克有了自己的公司，便更积极地发挥他的才能。又过了几年，他已拥有1000多辆各类汽车和两家子公司，资产达到了上亿美元，而他的那些同学大部分还只是普通的白领。

洛克在谈起自己的成功经历时说，在找工作或创立自己的事业时，许多人第一个考虑的并不是这个职业或行业能不能赚钱，能不能给自己带来新的机会，而是考虑眼前做这个工作是不是很丢人。诚然，在这个社会中，有些工作表面上看去的确很卑贱，然而工作是没有贵贱之分的，任何一项工作都可能潜藏着机会，只要你努力，并且一直坚持下去，生活就永远会充满希望，机会的大门也会永远为你打开。说句实在话，对每个想成功、想生存的人来讲，没有比要面子更卑贱的，因为那样就等于在埋葬自己的前进机会。

正如洛克所说：对于每一个想成功、想生存的人来讲，没有比要面子更卑贱的，因为那样就等于在埋葬自己的前进机会。所以我们无论是找工作还是创业，都应该丢掉包袱，放下面子，才能得到"面包"。

他本来是公司的老板，后来公司破产了，朋友给他介绍了一个工作，是做城市绿化。一个城市绿化苗圃项目，既有合作伙伴，又有技术支持，只要投入劳力、管理和少量的资金，就可有不错的经济收益。

面对这块诱人的蛋糕，他却犹豫了。从体面的公司老板到种花弄草的工人，他适应不了这种身份的转变。说白了，人穷还死要面子，生怕被人瞧不起。

徘徊和挣扎过后，他终于放下了面子。毕竟，生存比面子重要。于是，他的生活开始了新的篇章。

因为所谓的面子，多少人放弃了再就业的机会。这个城市绿化者最后领悟到，生存比所谓的面子更重要，他的事业也就迎来了柳暗花明。

进入绿化苗圃的时候，他已经贫困到了极点，做绿化用的砍刀、锄头等都是借来的。

创业的前3年，他几乎成了地道的农民，天天和砍刀、锄头、喷雾器打交道。生活里没有了节假日，更没有了社会交际，认识他的人都尽量避着他，因为怕他开口"乞讨"。一位朋友听说他开苗圃的事情，撇下了"没想到他这个大老板竟混到这般地步"这样一句话。

付出总有回报，努力不会白费。如今，他辛苦播下的"种子"终于开花结果，5000多株大王棕风景树基本成材，十几亩花圃进入正常经营……丰收的喜悦让他感到了自豪。如今他在朋友和亲戚眼中，是比原来还要成功的人。

一个人只要放下所谓的面子，也就是包袱，勇敢地面对现实，就一定能够成功。面子不能当饭吃，只有能放下面子的人，才能重拾起金子，重拾起成功的机会。放下面子不等于放下尊严，生活就是这样，有所舍，才有所得。该放下的时候就放下，这样才不会被生活所累，才不会让人觉得虚伪。不要为了面子作茧自缚，要给自己一个弹性空间，能屈能伸，这样才会有进步，才会成长，才能不断完善。

## 面子既能成全一个人，也能毁掉一个人

多数人非常爱面子，这已经到了让别人受不了的程度。俗话说：人有脸，树有皮。学者林语堂认为，统治中国的三个女神是面子、命运、恩惠，在这三个女神中，面子比命运和恩惠还有力量。的确，中国人最讲究"脸皮"，干什么事都特别在意面子。比如，许多含辛茹苦将儿子培育成人的父母，看到儿子能够光宗耀祖，即使自己吃糠咽菜，心里也是美得不得了，因为儿子给他们在乡亲面前挣足了面子。

其实，适度地爱面子是一种正常而健康的心理状态，意味着自我意识和自尊心，它使人能够自尊自爱，从而自强自立。相反，如果什么都不在意，有些人就会产生破罐破摔、自暴自弃的心理。因此，适当地爱面子无可厚非。

爱面子要有个度，有人就过了度，他们往往因为要面子而使自己受尽委屈，这就是给自己带上了假面具，套上了枷锁，就真是"死要面子活受罪"了。他们对脸皮的爱护，说穿了，他们不是为自己活着，而是在为他人活着。这种爱面子就是一种高成本低回报的投资，往往会让人得不偿失。

如今已经是21世纪了，"死要面子"这个人性的弱点还在不同程度地上演着。

生活中，有些人为了一己私利和满足虚荣心，不惜任何代价去争面子。结果，投入了大量的精力和时间精心维护，可面子的昙花一现竟然是这么短暂。更有甚者，对于那些违法乱纪的事，因为舍不下脸面，给了人家面子，结果让自己吃不了兜着走。这样的面子要得不但很累，而且把自己也毁了。如此对面子高投资，结果连低成本的收益都没有得到，这样的面子还有必要要吗？

由此可见，面子既能成全人，也能毁人。

不管是在生活中还是工作中，死要面子的人大有人在，而且不在少数。如正在恋爱的小伙子，往往在女友面前爱摆阔，借钱欠账也要装成有钱人，结果，为了面子出现一些超出自己经济能力的消费；有的人在学习上顾忌面子，不懂的地方也不好意思向人请教，不懂装懂，结果贻误的是自己的前途。这都是"死要面子活受罪"。因此而导致家庭破碎的也比比皆是。

有位女士曾经向好友说丈夫是位工薪族，可是因为生性豪爽要面子，有人缺钱或急用钱总是第一个想到他。因此，他们家的钱总是奉献为先，丈夫就是借也要满足别人的要求。刚结婚时，妻子也能挣钱，并没有过度限制丈夫。可婚后不久，随着孩子的出生，这对"月光族"才开始想到攒钱。此时，本来护理小孩就花销大，再加上妻子因为孩子又辞去了工作，仅靠丈夫的工资未免捉襟见肘。

一次月底，家里就剩200元钱了，妻子偷偷把钱藏了起来。没想到丈夫的同学来借钱，死要面子的丈夫又不肯向别人借，结果把妻子藏起来的钱硬是要走了。最后，妻子忍痛典当了陪嫁的金项链才买上了煤，使孩子免于受冻。

不止这些，后来，稍有积蓄后，丈夫好面子的禀性仍是不改。七大姑八大姨，谁家有事，只要开口，来者不拒。最可气的是小姑子买房说还差点钱，没想到丈夫一下子从家中拿走了10万元，还说这钱不用还了。

丈夫也知道攒钱不容易，怎么为了面子就能打掉牙往肚里咽呢？妻子对他真是又恨又气。

面子像诱饵一样会把你引入深渊，它会破坏家庭的幸福，只会让你活得更累。由此可见，投资面子可谓得不偿失。

面子其实就是虚荣心的表现。为人处世，虽然没面子会低人一等、受人歧视。可是，太爱面子，自己容易吃很多哑巴亏，太爱面子会让人活得很累。因此，人应该客观地看待面子，在要面子的同时，也要拥有正常、健康的人生。很多时候，不必太在乎面子。

很多人觉得爱面子就等于自尊，这会给自己造成不小的麻烦。俗话说：面子无常价，是宝也是草。面子固然重要，但不必为了没意义的面子让自己受苦遭罪，让面子折腾自己的人生。如此注重对面子的投资并不是明智的选择，顺其自然最可贵。

# 说服别人，要懂一点"留面子效应"

心理学上有一个"留面子效应"，指的是人们在被请求的时候，拒绝了一个较大的要求后，对较小要求接受的可能性增加的现象。留面子效应之所以能够产生，主要是因为人们在拒绝别人的大要求时，感到自己没有能够帮助别人损害了自己富有同情心、乐于助人的形象，辜负了别人对自己的良好愿望，会感到有点儿内疚。这时，为了恢复在别人心目中的良好形象，获得心理平衡，便会欣然接受小一点儿的要求。在说服别人的时候，其实"留面子效应"同样适用。比如，你希望说服某人，使其达到自己的要求，那么为了提高对方被说服的可能性，你可以先提出一个很大的要求，当对方回绝之后，再提出自己原本的要求，这样说服对方的可能性就会大一些。

张彤和老公陈和结婚已经一年了，两人的感情还算稳定，日子也过得挺滋润，唯一令张彤不满意的，就是陈和是个十足的游戏迷。陈和的工作相对比较规律，下班也较早，他每天一进家门就打开电脑玩游戏，并且常常一坐就坐到半夜。有时张彤下班稍晚，回到家中还要做饭、收拾房间，不免就会抱怨陈和。但陈和每次都像没有听见一样，继续专心致志地玩游戏。张彤觉得，自己应该和陈和约法三章了。

张彤想了很久，挑了一个合适的时机，假装很不满意地对陈和说："你的表现实在让我很失望，如果你继续迷恋游戏，不管家事，那么我只能考虑和你分开。"

陈和看妻子一脸严肃，不禁吓了一跳，立刻说道："别呀，我改还不行吗？"

张彤故意表现得很犹豫："你嘴上说改，但我知道，回头我不生气了，你又会变成老样子。要想让我相信，除非你遵守我定的规矩。"

"什么规矩，你说，我一定尽力遵守！"陈和着急地问。

张彤认真地说："你以后只能在周末玩游戏，并且每周不能超过五个小时。"

陈和一听，皱着眉头说道："老婆，我不是不愿意遵守你的规矩，但是我也不愿意违心骗你说我能做到，你给我规定的时间也太少了。我答应你，尽量做好家里的事情之后再玩，可以吗？"

张彤听到老公主动"钻"进了自己下的套里，心里不由得暗笑，回答："那我就退一步，你每周只能玩四次游戏，每次不能超过两小时。"

陈和软磨硬泡，将两个小时的时限争取到了两个半小时。张彤假装犹豫了很久，最终还是同意了。

果然，从那之后，陈和严格遵守自己的承诺，不仅承担了很多家务，偶尔还会在下班之后陪张彤看看电影、散散步，两个人的小日子也越来越和谐了。

张彤就很聪明地在说服老公的时候利用了"留面子效应"，这种谈判式的沟通，远远比她直接给陈和立规章制度要好得多。

妻子的生日快要到了，她希望今年丈夫可以买个戒指作为生日礼物送给她。

于是她就对丈夫说："今年过生日，我想要一条白金项链，你看可以吗？"

丈夫听了有些犹豫："白金项链，那少说也要万八千的。亲爱的，我不是不想给你买，今年咱们先买个别的，明年我的工资就涨了，明年你过生日一定送你白金项链好吗？"

妻子嘟着嘴，假装生气了一会儿，说道："那不能买白金项链，买个黄金戒指总可以吧？小一点儿的不过才两三千，我的同事都有呢！"

丈夫犹豫了一下，还是答应了。

试想，如果妻子一开口就要黄金戒指，那么丈夫也可能会推到明年涨工资的时候再买。妻子先"狮子大开口"，接着又降低了要求，丈夫不好意思再拒绝妻子，才得以被说服。可见，想要说服别人答应自己的要求，不妨先提出个更高的要求，在对方拒绝的情况下再把自己的要求打个折，这样一来，说服对方的可能性就会增加很多。

# 你想有面子，就得先学会给人面子

在和朋友的交往中，谁都希望有面子。但面子这个东西，不是与生俱来的，而是别人给予的。要想自己很有面子，就得学会先给予对方尊重、给予对方面子。如果你不懂得尊重对方，那么如何能够赢得尊重、赢得面子呢？

友谊可以算得上是这个世界上最宝贵的东西了。古往今来，很多文人墨客都曾书写过对友谊表达敬意的诗章。孔子曰："有朋自远方来，不亦乐乎！"唐代诗人王勃写下了"海内存知己，天涯若比邻"的诗句；李白形容友谊比金重、比渊深："人生贵相知，何必金与钱。""桃花潭水深千尺，不及汪伦送我情。"大作家巴金先生写道："友情在我过去的生活里就像一盏明灯，照亮了我的灵魂。"这些文人墨客在告诉我们，人生在世最不可或缺的就是友情；有了友情，人生才可称得上是幸福，所以，友谊是十分宝贵的。那么我们应该怎样珍惜友情呢？

"化妆品女皇"玫琳凯就曾经用真诚和赞美，将一名要轻生的女孩拯救了回来。

玫琳凯曾经在海边看到一位脸上充满忧郁的女孩子。玫琳凯当时微笑着问她："你好，我是玫琳凯，我可以和你谈谈吗？"

女孩子一声不吭，依然寂寞地坐在那里，似乎没有理玫琳凯的意思。温柔的玫琳凯继续说道："虽然你此刻看上去很忧郁，但是你依然很美。你要是有什么难过的事情，可以和我说说，我愿意做你的情感垃圾桶！"

女孩子思索了一阵，就和玫琳凯诉说了起来。玫琳凯在倾听的过程中一直投以真诚的眼神，并在适当的时候点点头。聚精会神的玫琳凯，让女孩子觉得自己得到了理解和关注。最后，女孩子告诉玫琳凯，自己今天来海边的目的其实是为了自杀，因为自己所爱的那个人在事业有成后就抛弃了她。

听过女孩的倾诉后，玫琳凯不但为她感到愤怒，还大骂那个男人是个浑蛋。最后，玫琳凯真诚地鼓励女孩："世界上这么多好男人，你一定会找到一位真心爱你、对你负责任的男士的。你这么漂亮，连女人见了你都这么喜欢你、更别说是男人了。因此，你一定要打起精神来啊！"

最后，女孩开心地对玫琳凯说："我从未和别人分享过这些，通过你对我说的话，我才算是真正认识了自己。现在我相信，明天会更美好。"

俗话说，"人心换人心"，想要赢得别人的尊重，首先自己要对别人付出一份真心。这也是获得朋友的秘籍。所以，想要得到朋友的关心和体谅，对待朋友就必须付出一颗真诚的心。

也许你自觉对朋友好就是请他们吃喝玩乐，其实，这些并不能让朋友对你产生太大的好感，反而会加重朋友在应酬方面的负担。

一个善于交朋友，关心、体贴别人的人，一定是个能为对方着想、欣赏对方、处处满足朋友需要、解决他们的困难，而又避免去麻烦他们的人。所以，想要受人尊重，"锦上添花"是不够的，"雪中送炭""人心换人心"才是最重要的交际艺术。

古人说得好，"路遥知马力，日久见人心"，只有真情付出才能让友谊地久天长。如果你对朋友始终以诚相待，还怕得不到他的尊重吗？

# 第三章 交际要懂礼仪，

## 否则将会寸步难行

# 社会没有"学生气"，懂礼才会受欢迎

刚入职场，你的身上难免有着学生气。但职场不是学校，同事不是同学，相处的时候，如果你不懂得及时调整心态，尽快将自己切换到职场这个大环境中，将很难获得同事的认可。对方也许只会把你当成不懂事的"小孩"，而不是能与他并肩合作的同事。

很多人并没有认识到这一点，在步入职场以后，他们根本不能尽快地转变自己的角色，在工作中不能做到顾全大局、考虑周全，在职业礼仪和素质方面也掌握得不够全面，因此，很难融入环境。

《论语》记载，有人问孔子，怎样才能成为一名君子？孔子的回答是："兴于诗，立于礼，成于乐。"也就是说，如果想成为君子，要先读懂《诗经》，让自己变得有文化；但要想变得成熟，就必须学习礼。由此可见，礼仪是一个人摆脱"学生气"，走向成熟的标志。

陈韬大学毕业后，顺利地成了一家饮食设备公司的市场专员，工作主要是负责销售一些一体化的设备以及市场推广工作。陈韬的专业技术很扎实，因此曾先后参与制定、决策、完成公司的两种质量体系的认证工作。但由于工作本身需要涉及市场营销方面，因此陈韬认为这与自己的职业期待不相符，在干了一段时候后，他选择了辞职。

随后，他又应聘到了一家专门从事物流的公司，担任物流部的主管，主要负责物流部的组建、策划、业务开展、建立供应链等一系列工作。陈韬本以为自己有足够的能力来应付，但在具体工作中，他却遇到了很多问题。比如在上下级关系的处理上，陈韬常常是顾得了东顾不了西，无法把各个环节处理好，陈韬认为是过多的人际交往阻碍了自己专业技能的发挥，于是他再次跳槽。

遗憾的是，尽管他又成功进入几个公司，但都没有待很长时间。他总认为公司安排给自己的工作根本不能让自己的专业技能得到发挥，而且谨小慎微的说话方式和复杂的人际关系使他无法在公司里干下去。

为什么会出现这样的情况呢？其实原因就在于陈韬过于注重专业技能的发挥，而忽视了自己作为职场新人，与同事及上下级的交流以及对周围环境的适应。其实陈韬的工作经历，也正是如今很多职场新人所遇到的问题。他们忽视了在职场中，专业能力只是把工作做好的一个方面，而人际关系、思考问题的角度和处理问题的方式，同样也在很大程度上决定着员工工作的成败。

尽管你的专业能力很强，但对于职场来说，更为看重职业化，毕竟工作中不仅需要你具备必要的知识，同时它也需要你能够发挥本领解决掉工作中的难题，用自己的行为负担起工作的责任。所以，职场新人要想在工作中做到游刃有余，并谋得发展，那么尽快摆脱"学生气"是首要任务。只有这样，我们才能尽快地进入职场角色。

因此，职场新人要想成为一名真正的"职业化"人才，就必须摆脱自己的"学生气"，提升自己待人接物和多角度思考的能力，把自己看成一个和同事共同工作的人，而不是一个学生。

那么如何打造自己的"职业化"，摆脱"学生气"呢？以下几点可以参考：

1. 少说话，多观察

很多职场新人总是眼高手低，不善于控制自己的情绪，在没有看清问题时就高谈阔论。这种事情在学校里，老师都会宽容地对待，因为师生间不存在竞争关系。但在职场中，新人们如果还是想说什么就说什么，可能就会吃闭门羹。因此少说话、学会观察和思考才是最重要的。

2. 少谈理论，多实践

很多职场新人容易犯空谈理论的毛病，但理论往往是在诸多严格的假定前提条件下成立的，在理论和实际之间是有差距的。因此，更多的时候，我们要少谈理论，脚踏实地，用实践缩小这段差距。

3. 少称兄道弟，多学点职场礼仪

很多新人在进入单位后，可能会遇到熟悉的人甚至领导，他们也许是你的师兄师姐，也许是你的亲戚朋友。但你一定要记住，在工作场合中不要与他们表现得过于亲昵而显得毫无拘束，这是最起码的职场礼仪。我们要多学习同事之间的相处之道，没有人能够在几天之内就能成为你知心的兄弟姐妹，职场毕竟不是校园，在你与同事之间还存在着利益关系。

# 初次见面，如何做好自我介绍

在职场中，往往少不了人际交往。尤其是有的职位，比如销售、公关等，需要常常跟陌生人打交道。在这种初次见面中，交往双方对对方都一无所知。因此，初次见面，如何做好自我介绍，让自己既大方得体又不失礼节，就显得极为重要了。

自我介绍是日常交际中，与陌生人建立关系、展开交往的一种非常重要的手段。做好自我介绍很重要，而且一定要经过精心设计才好。自我介绍的好坏，直接影响你留给对方的第一印象，以及以后是否能继续交往。自我介绍在拜访中起着敲门砖的作用。

一段简短而精准的自我介绍，其实是为了展开你与对方更深入的交流与

沟通而设的。所以在交际时，如何向陌生人做自我介绍、自我介绍的内容和
方式是否能引人注目是让对方认识你并认可你的最重要的手段。

自我介绍是交际中相互认识的开端，也是求职面试的第一个并且很重要
的环节。它是自我推荐的敲门砖，这块砖要是运用得好，可以打开与他人交
往的门。更重要的是可以使你在交友、择业、商业合作等诸多交际中畅通无
阻。如果这块砖运用得不好，那么你的一切才能都无法向他人展示。

在拜访中，把握住自我介绍的时间很关键。如果你的自我介绍时间过
长，会使对方失去耐心甚至产生反感情绪。一般正确的自我介绍时间为3分钟
左右。有时候仅需1分钟就足够了。因为有的人很珍惜自己的时间，只给你1
分钟的自我介绍时间。

　　研究生毕业的阚晓萌很健谈，有极佳的口才。对自我介绍，她认为
完全是小菜一碟，所以她从来不做准备，通常是见什么人说什么话。

　　有一次，阚晓萌跟一家大型房地产公司的总裁去洽谈业务。在去之
前，阚晓萌没有做任何准备。她觉得凭自己的口才、自己的实力，做个
自我介绍、洽谈个业务，是绝对没问题的。

　　见到房地产公司的总裁后，阚晓萌就开始东一句西一句地做自我介
绍，一点儿也不简明扼要。做自我介绍的时候，她又开始大谈特谈自己
对未来房地产走向的看法。她说完这一方面，又扯那一方面，虽然把自
己的才学炫耀得天花乱坠，却一点儿也没有谈到关键的地方。

　　总裁为了表示尊重，很耐心地听完她严重跑题的自我介绍。最后，
总裁微笑着说："这位女士，请把您的名片拿走吧，我还有别的事。"
最终，阚晓萌失败的自我介绍，使她没有谈成这笔业务。

进行自我介绍一定要力求简洁明了，尽可能在极短的时间内完成。自
我介绍也要选择在适当的时间进行，最好选择在对方有兴致、有时间、情绪

好时。

自我介绍一定要紧扣主题，可以根据不同的交际场景做出侧重点的调整，但切记不要跑题、偏题。

做自我介绍时要有一种友好、亲切、自然的态度，在整体的形象上要大方自然，面带笑容，语气平和，语速平缓，语音清楚，充满自信。

自我介绍时要敢于与对方对视，要显得大方得体，从容淡定。自我介绍的内容一定要符合你的真实情况，不能有虚假的信息。

自我介绍必须精心设计、认真准备，不要轻视它的时间简短。自我介绍是你与对方语言交流的开端，它会直接影响后面关系的发展，因此，一定要认真对待，多加练习、模拟。还需要征求家人或朋友的意见，然后写成文字稿，这是很有必要的。

自我介绍一定要口语化，尽量不要文言化、书面化，让人听起来易理解。自我介绍一定要力求简洁、精准、简短。

自我介绍一定要有自己的特色，一定要有特别之处，要有新意，不要流于形式。要学会抓住自己的长处，清楚自己的优势与劣势，找到最恰当的定位，再进行语言的包装。好的自我介绍是我们对自己最完美的语言的"形象设计"。

# 酒桌之上，长幼有序是亘古不变的礼仪

"长幼有序"这四个字，也许会换来很多人的不屑，甚至有人会说这是封建家长制的余毒，事实不然，尊重长辈这件事放在哪里都不为过。很多人会用美国年轻人称呼自己父亲的名讳来辩驳，说尊重长辈应该随着社会的变迁而减轻，因为在过去的时代，社会变化节奏慢，年轻人一般只是重复上一辈的经验；凡事要向"过来人"请教，所以对长辈当然尊重。如今社会和科技发展日新月异，年轻人不可能重复上一代的经验。相反地，为了面对未来的挑战，年轻人往往需要比上一辈掌握更多的技能，如计算机、英语等，长辈常常还得向他们请教。所以，他们当然不会对上一代毕恭毕敬。

　　在这里需要指出的是，美国人虽然崇拜年轻，但是他们会非常认真地研究长辈的经验。就像马克·吐温曾说的那样："当我7岁的时候，我感觉我父亲是天底下最聪明的人；当我14岁的时候，我感到我父亲是天底下最不通情达理的人；当我21岁时，我忽然发现我父亲是天下最厉害的智者。"所以尊重长辈是件非常重要的事情，而在酒桌上的尊重，更是必不可少的。

　　小李生在一个大家族，家庭成员很多，而且他父亲辈的兄弟姐妹也多，都生活在一个城市，所以经常聚会吃饭。小李后来去其他城市上学，和家里长辈们就联系少了。小李毕业的那年，过年回家的时候，照例又是在饭店找了一个大包间，所有人都聚在一起吃饭。小李以为这顿饭会吃得很快，所以约了同学晚上一起聚会打牌。可是没想到，吃饭时，大家相互聊天，推杯换盏，时间就慢慢过去了。小李眼看着就要到了跟同学聚会的时间了，很着急。在席间，长辈们问他工作和生活的事情，他总是心不在焉地敷衍着。而且，其他同辈的兄弟姐妹们都轮流起来敬长辈酒，说着祝福的话，小李却没有任何表示。因为他的心思都飞到和同学的聚会上了。最后，小李一看宴会还没有结束的意向，就站起来突然对大家说："我还有一个聚会，同学都等着我呢，我就先走了！"然后，没等其他人有反应，他就迅速起身离开了。

　　当晚他虽然和同学聚会很高兴，但回到家后，发现父母的脸色非常差。父亲看到他喝得醉醺醺的进门后，劈头盖脸地就骂他："你这大学都上到狗肚子里了，没有一点教养。对长辈就是这种态度吗？你知不知道，你的大爷们都很关心你毕业的工作情况，本来是打算看你如果在外地工作环境不好，就帮你联系着在咱们市的一个事业单位找份工作。但就你这态度，一点礼貌都没有的性格，谁还愿意帮你。到最后，去单位得罪了人，帮你安排工作的大爷都得跟着丢人。"

小李这时才知道，自己在酒席上对长辈的无礼，对自己的影响是多么的大。

可见，在酒桌上，千万不要忽视长辈。小李因为在酒席宴上对长辈无视，使长辈对他产生了不好的印象，最后，还失去了换一份好工作的机会。因此，在酒桌上，同长辈喝酒需要懂得以下几个步骤：

1. 祝酒

祝酒就是敬酒，在比较正式的宴会上，由主人提议提出某个事由来饮酒。当我们敬长辈喝酒的时候，一定要找一些美好的祝愿、祝福，让长辈喝得舒心。比如说："我祝您福如东海长流水，寿比南山不老松。"

2. 喝酒

饮酒的时候，祝酒词也不可或缺，需要有人率先提议，可以是你，可以是主人，也可以是在场的任何一个人。在提议干杯的时候，应起身站立，右手端起酒杯，或者用右手拿起酒杯后，再以左手托扶杯底，面带微笑，目视祝酒对象，嘴里同时说着祝福的话。有人提议干杯后，要手拿酒杯起身站立，即使是滴酒不沾，也要拿起杯子。将酒杯举到与眼睛同齐的高度，说完"干杯"后，将酒一饮而尽或喝适量。然后，还要手拿酒杯与提议者对视一下，这个过程就算结束。

当我们同长辈喝酒的时候，一定要小心谨慎。首先，在干杯前，我们可以象征性地和对方碰一下酒杯，但是碰杯的时候，应该让自己的酒杯低于对方的酒杯，表示对对方的尊敬。用酒杯杯底轻碰桌面，也可以表示和对方碰杯，当你离对方比较远时，完全可以用这种方式代劳。遇到不能喝酒的长辈，要充分体谅，可以帮他代酒，或者是用饮料代替他的酒，不要非让长辈喝酒，也不要对长辈不能喝酒的原因穷追猛打。

长幼有序，是中华文化几千年的传统美德。也许随着社会的发展、科技的进步，年轻人对长幼有序有了很多新的看法和见解，但并不能改变它的本质——这是一种礼仪。这种礼仪体现了一个人的个人修养，体现了一个人不可多得的品质。如果你在酒桌前都无法做到长幼有序的话，还指望其他人如何去看待你呢？

## 德行第一，别让修养配不上你的美貌

高品位的生活似乎只是有钱人的专利。那些拥有豪车名宅、想购物直奔香港血拼、想旅游直飞欧洲的人，可以尽情地享受生活。而我们这些为了生活苦苦打拼的人，每日必须面对繁忙的工作，琐碎的家务，高品位的生活似乎离我们很遥远。但实际上，生活的质量取决于你自己，只要你努力，一定可以过上好生活，即使现在身处窘境，只要调整自己的心态，一样可以拥有快乐。

培根说："单是为了名副其实，人也需要有极大的美德才华，就像宝石一样，宝石如果不需要用金箔来陪衬的话，也就必须本身具有极大的价值。"他又说，"有些老年人显得很可爱，因为他们的作风优雅而美。'夕阳也有美丽之处。'而有的年轻人尽管具有美貌，却由于缺乏优美的修养而不配得到赞美。"

"贫家净扫地，贫女净梳头"的意思是：一个贫穷的家庭要经常把地打扫得干干净净，一个穷人家的女儿要经常把头梳得整整齐齐，摆设和穿着虽不能豪华艳丽，但是却能保持一种脱俗高雅的风范。这种不因贫穷就"自废"的风雅气度，是真正高贵的人具有的。

品位首先是一个人的文化内涵和品格修养，而与名牌或金钱这些耀眼的光环没有必然联系。

28岁的王小姐是北京的一位中学教师，她说："品位我也说不好，是生活水平？是审美意识？是生活见识？或者是教养？反正我认为那些以穿某某品牌的衣服或喝某某牌子的酒为有品位的人，是可笑的。"

43岁的管春是上海的一名服装设计师，他说："一个有品位的人应该是自然的。我的朋友中既有大企业的老板，也有普普通通的工人，然而他们全都对人真诚大方，不矫揉造作，不粗俗，有修养。这些正是真正有品位的人。但是有些人很有钱，浑身全是名牌，却是虚有其表，实在难以与高品位联系起来。大商场里的许多营业员，40多岁的人了，却把头发弄得像违章建筑，还染成枯黄色，妆化得很夸张，一张嘴抹得血红血红的，大嗓门咋咋呼呼的，还不时露出几句脏话。这些人自我感觉良好，其实一点品位都没有。"

有一家拍卖公司的副总经理，按他的理解，品位是一种内在素质和外在形象的结合。穿得很华丽整齐，可是肚子里什么"货色"也没有；或是才高八斗、学富五车，却不修边幅，都不是有品位的人。他谈到一位老先生，平时的生活很清苦，家里也没有任何昂贵的摆设，可墙上几幅水墨丹青，书柜里几件彩陶，一点一滴的细节显示着主人的艺术修养和品位。"我觉得，品位是一种对生活的欣赏。无论贫穷还是富裕，对一个有品位的人来说，生活方式万千，但是他总能从中体会到生活的乐趣。"

李百灵是沈阳某公司的一名打字员，月收入很低，她说："多数人认为有钱才有品位，其实不然。别看我的收入少，我觉得自己是一个有品位的女人。"她说她从不去大商场买高价衣服。她在小店里花50元买的衣服穿在身上，同事们看了以为是几百元买来的。

50岁的王宇女士是香港某中学图书馆主任，她说："所谓品位，其实是一种内在的价值观，一种对生活文化的认同。当今市场上打出的所谓'品位'招牌，只是商家在设法掏你口袋中的钱。"

一个人有无品位，不在于地位、金钱、学历、相貌这些表面的东西，而在于人品、道德、德行、教养、文化底蕴、内在素质这些精神层面的东西。内心得到完善和充实，"贫女"也会变得风雅；若内心既不完善也不充实，"君子"也会无品位。

要做一个有品位的人，德行是第一位的。通过言谈举止、待人处事、外在形象表现出来的德行是极为重要的。德国大文豪歌德说："行为是一面镜子，在它面前，每一个人都显露出各自的真实面貌。"莎士比亚说："服饰往往可以表现人格。"雨果说："人的面孔常常反映他的内心世界，以为思想无形无色，那是错误的。"

外在形象与内在素质就形成了人的品位，两者相互统一。一个举止猥琐、言谈粗俗、衣着邋遢的人绝不会有高雅的品位，而一个看上去气宇轩昂的人，那么，他的内心也一定是不俗的。

# 培养你的行为与气度，这是无法装出来的

有品位的人无论处在什么状态，都能让自己保持泰然自若的神情。

一个人的成功素质包括德、识、才、学。德、识在先，而才、学在后。从心理学角度粗略地加以分类，才、学属智力因素，而德、识则属非智力因

素。要想成功参与竞争，智力、技能固然重要，而良好的竞技状态更是成功不可或缺的心理素质。

当然，每个人在遇到不顺的情况时都会有情绪波动，但是无论人的情绪喜也好，乐也好，怒也好，哀也好，都不是无缘无故产生的，而是一个人思维活动的结果。

比如当你得到的结果没有预期的好，就认为事情本不应该是这样子的，感到自己丢了脸面，脸色一定变了，接着便会做出一些冲动的行为。其实这样的想法和行为都是很愚蠢的，只会给别人留下不沉稳、小家子气的印象。

这时候唯有思维是可以改变的，如果你换一个角度思考，觉得这没什么大不了的，每个人都可能出错，不必太在意别人的看法，你的情绪就会随之改变。

除了能够控制自己的情绪之外，我们还要注重自己的行为与仪表。一个有良好素质和高品位的人的自信和良好的状态，体现在他的生活、工作的一切过程中。

　　一辆长途大客车中途出现了故障，走走停停，车厢里还伴有很大的噪声，开始时旅客们还能理解，较安静。可随着时间的推移，有些旅客开始抱怨起来，乘务员一直安慰旅客，可时间一长，大多数旅客都抱怨起来，甚至还有责骂，但只有一位先生不吵不闹，并且还规劝其他旅客。事后那位乘务员向这位先生感谢说："你肯定是一个成功人士。"这位乘务员说得没错，那位先生就是这个城市里最有名的作家。

可见，在任何情况下都能泰然自若，不是人人都可以的。因为它首先是一种涵养，其次是一种内心的充实，最后是一种对自己充满信心的表现。风度不等于漂亮，不等于外在的时髦与靓丽。一个非常漂亮的人不一定有风度，一个貌不惊人的人却可能风度翩翩。风度是一个人的精神境界、情操修养的外在体现，是一个人完美人格的自然流露。正如法国雕塑大师罗丹所说："我们在人体中崇仰的不是美丽的外表形象，而是那种能使人透明发亮的内在的光芒。"所谓"大将风度""绅士风度"，是指超凡脱俗的风度，是一种力量、一种尊严、一种气势，一种可亲可敬的大家风范。

　　说到宋庆龄，我们都会联想到智慧、果敢、大度、细腻、关爱、高贵。她拥有举止不凡的谈吐、得体的妆容、非凡的成就。

　　20世纪的中国，最有魅力的女人非宋庆龄莫属了。大家都被她那高贵的人格和优雅的气质所征服。见过宋庆龄照片的人都会惊叹于她的优雅无处不在。端庄、娴静、优雅、稳重，这样的气质难怪会让大家为之叹服。每逢接待外宾，在公共场合出现的话，宋庆龄总是能将自己最优雅的那一面展现在世人面前，包括穿衣配饰，她都有自己的安排，她希望留给人们的是最美的宋庆龄。

　　我们应该向宋庆龄女士学习，不管在什么场合，她都会表现出高贵的气质、泰然自若的处世态度、平易近人的待人风格……

　　没有品位的人，总会有一些让人看着不舒服的形体表现，比如不雅的站姿——双臂交叉站立，给人以不严肃的感觉；驼着背、弓着腰，眼睛不断向左右观望，一肩高一肩低，身体抖动或晃动，这样给人以漫不经心或没有教养的感觉；双手或单手叉腰，这种站法往往含有进犯之意；无精打采、东倒西歪，耸肩或懒洋洋地倚靠在支撑物上，容易给人懒散的印象；把手插在裤袋里或交叉于胸前，这样做会给人敷衍、轻蔑、傲慢等印象。

　　总之，一个人的品位和行为气质不是简简单单装出来的，而是在日常生活中一点一滴地培养和磨炼出来的。

# 微笑，是这个世界上最美的礼仪

身处社会中，你不能对你的同事或朋友怒目相视，因此，在社会上最得体的表情便是微笑。尤其是刚踏入社会的毕业生一定要学会微笑。俗话说"爱哭的孩子有糖吃"，在社会中，爱笑的人才会得到想要的。在社会上只有微笑，才能建立良好的人际关系，顺利地开展工作。

在工作中，微笑不再是真情流露，微笑成为一种职业表情，即使是跟别人吵了架，跟家里闹翻了天，或者破财遇祸事，都不能把这些沮丧的心情挂在脸上。每天出门前，我们应该把一切负面情绪都咽到肚子里，然后面带微笑迎接新的一天的工作。

时间长了，你就会发现每天面带微笑会给你带来许多意外收获，因为，微笑不仅是友好的标志，也是礼貌的象征。在工作过程中，微笑能加深同事间的感情，调节工作时紧张的氛围。

伸手不打笑脸人，没有人会拒绝与一个满脸笑容的人交往。让自己成为一个拥有灿烂笑容的人吧，这样你在人际交往中就会占据优势。你的笑容不仅能打动人、影响人、感染人，还能给你带来无限好运。

李美静是某动车上的乘务员。在大家眼中，她是一个以笑容打动乘客、打动同事、打动朋友的人。

有一次，车刚开动不久，一个乘客多次把脚放在对面的座位上。李美静上前去劝其放下脚，这个乘客不仅不听，还对李美静出言不逊。李美静没有与他争执，始终面带微笑地一次又一次劝解。最后，事情终于在李美静的微笑中解决了。

临下车前，那位乘客还找到李美静，惭愧地说："对不起呀，乘务员，刚才我心情不好。你的微笑打动了我，你的服务态度影响了我。"李美静报以真诚的微笑说："没关系。"

还有一次，一个孩子在车上嗑瓜子，把瓜子皮吐在了车厢的地板上，李美静微笑着上前劝告。孩子没有反应，孩子妈妈生气了，还故意唆使孩子继续吐瓜子皮。李美静始终微笑着，边劝阻边扫瓜子皮。

乘客见李美静这样的态度，非常不好意思，然后，让孩子停止了没有公德心的行为。

李美静用自己真诚的微笑打动了乘客，从而使乘客改变了不良行为。她的微笑留给乘客深刻的印象，大家对李美静的评价都很好。

微笑是上帝赐给人类最美好的礼物，是一种令人愉悦的表情。面对一个满脸笑容的人，你会感受到他的自信、友好、乐观。同时，他这种积极的情绪也会感染你，使你变得自信、友好和乐观，从而很快和对方亲近起来。

微笑是一种内涵丰富的表情。微笑可以传递正面的能量，微笑可以消除人们之间的陌生和矛盾。当然，你的笑容必须是真诚的、发自内心的。

微笑是最好的交流方式。微笑是真诚、友好、善意的标志。微笑可以化解矛盾和冲突，然后使关系变得简单、明了，可以调节人与人之间的关系，可以营造和谐、融洽的氛围。

在一些交际中，当你一露出灿烂的笑容，许多问题就会迎刃而解，对方就会因你满脸的笑容而变得亲切。你的笑容会带来许多意想不到的效果。在人际交往中，一定不要吝啬你的笑容。

要想在交际中取得很好的效果，获得好人缘、好关系、好人脉，那就必须养成微笑的好习惯。微笑可以使你的面容更美丽、更精致。你的笑容就是你最如意的橄榄枝，能把你的真诚、善意、友好传达给所有与你交往的人。

微笑不仅是为了别人，更是为了自己。面对生活，我们应该绽放灿烂的笑容。

当你在交际中遇到困难时，你可以思考一下，是不是因为你对人太吝啬了，没有付出你的笑容？

如果是这样，那么你就给自己印一张特殊的名片吧。这张名片上应该有这样一行字：世界因你的微笑而微笑。

很多人都不善于微笑，事实上，微笑也可以成为一种习惯。开始时，你可以练习着自己微笑，慢慢就会习惯成自然。

失业的张铎有一个缺点，就是总爱绷着一张脸，不苟言笑，对待家人、朋友、合作伙伴一向都是一脸严肃的表情。

现在，张铎完全像变了一个人似的，还成了一家报社的正式员工。在进入报社之前，他做过很多工作，也自主创业过很多次，但每次都失败了。

张铎找到了创业失败最重要的原因，就是不懂交际，在交际时缺少微笑。他决定重新开始打工学习，并成功应聘到现在的这家报社。

张铎给自己设计并印制了特别的名片。正面是姓名、联系方式、工作单位。反面是：世界因你的微笑而微笑！他每次递出名片时，总会真诚而友善地给对方以微笑。

一开始张铎很难改变自己严肃的表情，总是强迫自己微笑。他每天练习，面对着镜子笑，面对着家人笑，面对着朋友笑。时间久了，笑肌就练出来了。慢慢地，笑成了他生活中不可或缺的一部分了。

现在，他时常笑容满面、热情真诚，给许多人留下了良好的印象。短短一年的时间，张铎把报社的业务搞得红红火火，发行量剧增，并得到了老总的赏识。

在人际交往中，你要学会自然地微笑。微笑是快乐心情的表现形式。自然而美好、亲切而真诚的笑才是完美笑容的表现。最好不要假笑、傻笑、伪笑。

在人际交往中，你的微笑能传达出你的真心和诚意。他人对笑容的感受力和识别力是非常强的。一个笑容代表什么意思，是否真诚，他人能通过直觉敏锐地判别出来。所以当你对别人微笑时，一定要真诚。

真诚的微笑能让对方的内心产生美好和温馨的感受，对方会受你的感染报以你更加真诚的笑容，从而加深交往双方的感情。

在交际中，你的微笑要符合不同的人际关系和沟通场合。你的微笑要表达不同的意义。对不同的交往对象，要表达不同含义的微笑，以此传达不同的情感。尊重、真诚的笑容应该是给长者的，关爱的笑容应该是给孩子的，爱意的笑容应该是给爱人的，等等。微笑使人觉得你很友善，喜欢并愿意与你交往。不是任何场合都适于展示你的笑容的，如果笑得不合适、不恰当、不适时，就会适得其反。

当你去的是庄严肃穆的场合，你就不能露出笑容，否则会使别人对你反感和厌恶。

笑容是对对方表示友好的礼仪，是对他人的尊重，也是自尊、自信的一种表现。多绽放你的笑容，并使自己笑得恰如其分，这样才会体现出你的笑容的价值，让你在交际中成为最能打动人心的那个人。

# 第四章　切忌意气用事，
## 你的情绪你做主

# 别和自己太较劲儿，活着就应该洒脱些

面对同样的事，为什么有的人能够应付自如、轻松潇洒，而有的人却总是力不从心、屡屡受挫？

其实，那些活得轻松自如、洒脱淡定的人，并不是由于他们的无可挑剔而如此，而是由于他们能够把握得住进退的分寸。当面临不可进的情形时，他们懂得退后一步，然后再换一个角度想办法让自己前进。这样一来，成功就没有那么复杂和困难，而我们的人生也不必如此纠结。

一位登山运动员参加了攀登世界第一高峰——珠穆朗玛峰的活动。我们知道，珠峰最高海拔为8000多米，但这位运动员在爬到6000多米的时候，因为身体出现了不适而放弃了攀爬。

面对快要登顶的他，很多朋友都为其深表遗憾，这个说："哎呀，你都已经走了四分之三的路程了，你为什么要放弃呢？"那个说："如果能咬紧牙关挺住，再坚持一下，或许也就上去了。要知道，有多少人梦寐以求站在珠穆朗玛峰上啊！"

面对众人的惋惜之语，这位运动员却不以为然，他平静地对大家说："其实，我心里很清楚，6000多米对我来讲已经是我登山生涯的最高点，根据我当时的身体状况而言，那已经是极限了。如果我再继续爬，那么很可能会丧失性命。难道我会和自己的生命开玩笑吗？所以，对于中途退却，我一点都没有感到遗憾。"

　　这位运动员的话确实很有道理，而他的做法也值得我们学习。当我们到达一定程度，无法再前进，或者再往前走很可能会让自己损失惨重的话，不妨退一步，这才是明智的选择。

　　换句话说，每个人、每件事或许都存在一定的极限，我们不能掰着柳树要枣吃，也不能明知山有虎偏向虎山行。虽说突破自我很有必要，但是这种突破并不是建立在鲁莽和无知的基础之上的。美国总统林肯曾经说过这样一句话："自然界里的喷泉，其喷发的高度不会超过它的源头。"这句话的意思就是，事物本身存在着突破口，但并非任何人都能够穿过突破口，创造极限。也就是说，每个人都有最大的承受能力。像案例中的这位登山运动员，他懂得自己的生命所能承受的极限，因此淡然自若地做自己能做的事。谁又能说他不是一位胜利者呢！

　　"当行则行，当止则止"，案例告诫我们的正是这样一个道理。

　　聪明的做法是，我们要及时了解自己的能力，承认自己的不足。在此基础上，我们才能做到量力而行，不莽撞，不遗憾。

　　幼年时期的格里格·洛加尼斯是一个十分害羞的男孩，又因为他说话有些口吃，所以在阅读与讲话方面不尽如人意，一度被归为学习最差学生的行列。

　　不过，洛加尼斯是一个很聪明的孩子，小学没毕业的时候，他就发现了自己在运动方面强于他人，而这是他特有的天赋。认清这点后，洛加尼斯减轻了些自责，并开始专注于舞蹈、杂技、体操和跳水方面的锻炼，由于自身的天赋和努力，洛加尼斯果然开始在各种体育比赛中崭露头角。

　　可是，升入中学后，洛加尼斯发现自己有些力不从心了，因为无论是舞蹈、杂技、体操、跳水，都需要辛勤的付出，他不可能有这么多时间和精力去做这么多事，而且这些事情自己仅仅能做到差不多，离优秀还有一段距离。

后来，在恩师乔恩——前奥运会跳水冠军的指点下，洛加尼斯认识到自己在跳水方面更有天赋，便接受了跳水专业训练。

经过长期的努力，洛加尼斯终于在跳水方面取得骄人的成就：16岁成为美国奥运会代表团成员，28岁时已获得6个世界冠军、3枚奥运会奖牌和许多其他奖项；1987年作为世界最佳运动员获得欧文斯奖，达到了运动员所获得荣誉的顶峰。

洛加尼斯并没有一味地在学习上和自己较劲，而是选择了另辟蹊径的做法。不难想象，如果在学习上与别人竞争，那么到现在他或许也只是个普普通通的人。因此，洛加尼斯是幸运的，而他的幸运是建立在懂得取舍、懂得退让的基础之上的。

由此可见，无论我们身在职场还是驰骋商界，都不要认死理，适当地退一步，或许就能看到别的可以前进的道路。任何时候都不要忘了，"条条大路通罗马"。只要我们能最大限度地发掘自己的长处，那么就能收获内心的充实和坦荡，拥有"非同寻常"的人生之旅，这样的人生才称得上精彩绝伦，不是吗？

# 若总是在攀比，生活中每天都会有烦恼

生活中，很多人的烦恼往往都是因为攀比而产生的。如果一个人总是拿自己的缺点去和别人的长处相比，就会觉得自己什么都不如别人，从而使自己陷入自卑和烦恼。

健康的人很少关心自己的身体，即使有一个良好的体魄也并不会因此而感到幸福，而疾病患者却深深体会到健康的重要性；穷人常常觉得有钱了才叫幸福，而有钱人却认为轻松自在、无忧无虑地生活才是幸福。爱攀比的人总是遥望着别人的美好，而看不到自己已经把握在手中的幸福。

英国伟大的哲学家、文学家培根曾经说过："一切恶行都围绕着虚荣心而行，都不过是满足虚荣心的手段。"攀比很大程度上是由虚荣引起的。俗话说："人活一张脸，树活一层皮。"很多人为了面子，不切实际地盲目攀比，不惜打肿自己的脸，充当胖子，迷失在无谓的攀比中。

有这样一则寓言：

一只牛在草地上吃草，没留神踩死了几只小青蛙。

一只侥幸从牛蹄下逃生的小青蛙找到了青蛙妈妈，告诉它，那些小青蛙被一个庞然大物踩死了。

"很大？"青蛙妈妈开始把身体鼓起来，不服气地说："有这么大？"

小青蛙回答说："噢！亲爱的妈妈，那只大野兽要比这个大得多。"

"那么有这么大？"青蛙妈妈深呼吸，肚子更加鼓了。

小青蛙说："就算胀破了你自己，也没有那家伙一半大。"

不服气的青蛙妈妈把自己胀得像圆球似的："这次该和它一样大了吧？"没等说完，青蛙妈妈已经胀破了身体。

青蛙和牛本身就有很大的差别，牛即便再小也要大过拼命将自己吹胀的青蛙。认不清自己的位置，胡乱攀比，只是自取灭亡。

一个人不能认清自己，就很容易陷入彻底的盲目状态中。牛顿曾经说过一句谦虚自知而又充满智慧的话："我看得远，是因为我站在巨人的肩膀上。"

每个人都有自己的优点和缺点，正所谓"梅须逊雪三分白，雪却输梅一段香"。顽强的常青树往往无花，娇艳欲滴的花朵却往往无果。没有永远的失败者，亦没有永远的赢家，切莫盲目攀比而失去了内心的平静。少在他人身上投放注视的眼光，多多关注一下自己，人生便会更加快乐。有句话说得好："与他人比是懦夫的行为，与自己比才是真正的英雄。"

在竞选一个重要职位中，一个各方面都很优秀的女孩输给了一个名不见经传的应届毕业生。这位毕业生各方面平庸无奇，并不出众，可以赢得这个职位的原因很简单：她是副县长的女儿。

这女孩相当不服气。回到家里，女孩气呼呼地把事情说给做了一辈子农民的老父亲听。父亲并不言语，听完了女儿的抱怨与诉说之后，起身拿了锄头吩咐女儿和他一起去地里锄豆子。

老父亲在村西的岗地里种上了豆子，岗下是同村王叔家的花生田。由于岗下的土地本身就比较肥沃，所以花生都郁郁葱葱地生长着。

父亲向岗下面指了指问女儿："那里是什么？"

"花生地啊。"女儿不解。

"那这里呢？"父亲指着岗上自己家的地。

"豆子地啊。"女儿更加迷惑。

"这两片地哪片长得好啊？"

"自然是岗下的花生地长得好！"女儿比较了一下说。

父亲缓缓地说道："豆子不是花生，花生不是豆子，两样东西不同怎么能比出好坏来呢？"

看着女儿还是不理解，父亲又说道："你说，咱们家的豆子能长出花生来吗？"

"自然不能。"

"那岗下的花生地能结出豆子来吗？"

"这个，也不能。"

"是啊！就像种瓜得瓜种豆得豆的道理一样，不能胡乱与人攀比。做好自己的分内事就行！"

这位老父亲是睿智的，他用生动朴实的例子告诉女儿：每个人都在生活中扮演着属于自己的角色，盲目攀比的结果只会是迷失自我，最终给自己带来不必要的烦恼。

每个人因背景不同，所以人与人之间的差距还是很明显的，有攀比心理很正常，如果通过攀比能让自己进步或是努力，也算是一件好事。因一味地攀比看不到自己的长处，只看到自己的短处，继而抱怨、愤怒、心生忧愁和怨恨，甚至萎靡不振，那样便得不偿失了。

"人贵有自知之明"，也就是说，对待自我要有一个正确全面的认识，知道自己的优点和缺点，在待人处世时扬长避短，使自我的优势得到最大的发挥，这样就会让自己慢慢形成一种良好的心态，凡事量力而行，不强迫自己。

我们每个人的心中都应该放一把客观公正的尺子，既不夜郎自大，也不妄自菲薄。只有了解自己的角色，才能做回自己。

# 爱慕虚荣，有时比贪心更加可怕

爱慕虚荣的人往往不是通过自己的努力，而是利用非正规途径获得名利的。提到爱面子，许多人会想到一些虚荣心强的女人。可是，女人爱面子大多停留在物质层面，爱流行服装、时尚饰品等，这些都与金钱有关。而且，在市场经济时代，没钱可谓是寸步难行。可是，爱面子的人常常打肿脸充胖子，做出许多超出自己能力范围的事情。有些人明明需要钱，却撕不下脸皮，不肯委屈自己的脸面去挣钱；或者为了人前风光而自己宁肯人后默默吞咽苦果；或者为了面子而影响生活的质量和幸福，就像打灯笼一样外明里不明，吃苦受罪只有他自己知道。这种爱面子就太可怕了。

高才生老刘毕业于名牌大学，人到中年的他从单位下岗后找了很多单位都觉得不太称心，所以只能在一家民营小公司里委屈地当一名普通工人，薪水也低得可怜。

有一次，老刘偶遇大学同学，一阵寒暄后知道同学如今已是一家著名的大型民营公司的副总裁了，无限向往。同学见状对他说："凭你的专业知识，到我们公司来肯定能大显身手，我们正缺一位负责财务的主管，你一定能胜任。"

　　这本是个难得的机会，可是，老刘转念一想，在大学里自己是何等骄傲光荣的尖子生啊！如今却要在一个以前不如自己的同学手下打工，受他的领导，那该多丢脸啊！想来想去，最终老刘还是放弃了这次难得的机会。

　　可在孩子考上高中后，老刘为了让孩子读重点高中，不惜托关系转校。但他没想到，重点高中的各项花费自然不菲，老刘又不好意思张口向亲戚们借钱，急得他都想到了卖血。老婆看到他走投无路的样子，训斥他说："听起来孩子上名校很风光，可是不想想你才攒几个钱？还死要面子，明明需要钱还舍不得放下脸面？"

　　于是，老刘又因为面子问题和老婆闹翻了。并且老婆警告他说："再这样打肿脸充胖子，就不过了。"

　　人生在世，有许多事，身陷其中的时候是不能明白的，往往只有在事过境迁之后，才能参透其中的奥秘。俗话说：人要脸，树要皮。要面子在一定程度上可以理解为要脸，但要脸也应该把握好一个度。很多内心敏感的人因为自尊心过强而演变成"死要面子活受罪"。生活中，有些敏感之人为了爱面子竟然到了不顾自己实际承受能力的地步，这就有些过头了。

　　想要被别人尊重，就要有值得被尊重的表现。最要面子的莫过于那些位高权重的人物，他们大多有着异于常人的成就欲，愿意在众人面前表现自己。拥有强烈的成就欲望，这本是一件好事，然而当个人意识到自己所掌握的资源不足以使他完成自己设想的目标时，就会想以其他的方式弥补自我资源的不足，从而产生各种各样的虚假的面子行为，为了得到世人的认可，为了保住自己的面子，甚至会利用自己的权势干出伤天害理的事情来，那么，这种爱面子就让人难以接受了。

　　唐朝著名诗人宋之问有个外甥叫刘希夷，此人很有才华，是个年轻有为的诗人。

　　一日，刘希夷题诗一首，名为《代悲白头翁》，到宋之问家中请他指点。当刘希夷读到"古人无复洛阳东，今人还对落花风。年年岁岁花相似，岁岁年年人不同"时，宋之问情不自禁地连连称好，忙问此诗可曾给他人看过，刘希夷告诉他刚刚写完，还没有给别人看过。宋之问觉得诗中"年年岁岁花相似，岁岁年年人不同"这两句写得非常好，自己足可以凭这两句而声震文坛，名垂青史，便要求刘希夷把这两句诗让给他。刘希夷说那两句诗是他诗中的诗眼，如果去掉了，那整首诗就索然无味了，因此没有答应舅舅的要求。

　　晚上，宋之问辗转反侧只是念这两句诗。心中暗想，如果说此诗是自己所做，那么，不但世人会敬佩自己，皇上也会对自己另眼相看，说不定还会成为千古绝唱，名扬天下，到那时，自己的脸面是何等风光啊！一定要想办法据为己有，于是起了歹意，居然命家仆将亲外甥刘希夷活活害死。

　　宋之问为了自己所谓的名望不惜杀害自己的亲外甥，可见他的爱面子心理是何等扭曲。这种扭曲的爱面子心理实在比爱金钱更可怕！

　　如今是法制社会，当然像宋之问这种令人触目惊心的现象毕竟是少数。可是，如果作为一个现代组织的领导人，过分爱面子，那么，不仅不能给自己带来事业上的成就，相反，会把本来无限光明的事业引上一条不归路。

　　希望得到别人的肯定和尊重，这本身是人之常情，也是很多成功人士不断努力的一个重要原因。但是为了达到这样的效果而盲目吹气球，总有吹爆的一天。由此可见，爱面子实在比一个人单纯地爱金钱更可怕，特别是位高权重者，因为这种弱点危害的不仅是他自己，还有团队的发展。

当然，在社会中求生存，不能不讲面子，但聪明人一定会讲究方式方法，既能显示自己的能力和身份，又不会招致他人的不满，也不会让他人有可乘之机。这样，爱面子才是最恰当的方式。因此，不论是普通百姓还是领导人，对于过分爱面子的弱点必须加以根除。

# 欲望像火山，控制不住就会害人害己

只要是人就有欲望，并时刻被欲望包围。不过，这就是生活，酸、甜、苦、辣、咸，五味俱全，一样也不缺。有位哲人说过："人的欲望就像是一座火山，如不控制就会害人害己。"

我们活着，最重要的就是克制自己的欲望，懂得适可而止、懂得知足常乐。唯有这样，我们的生活才会充满快乐，我们才会感觉到幸福的滋味。

快乐是我们内心的一种感受，它就在我们身边，我们每天都可以见到它。但是，在贪婪的人的眼里，快乐却总是很遥远，他们苦苦追寻快乐，却一直没有收获，徒添了很多烦恼。

有一个国王得了重病，御医对此束手无策。

王后问国王："怎么样才能让你恢复健康呢？"

国王回答说："我是国王，享尽了人间的荣华富贵，但是我却感到不快乐，我当国王还有什么意义呢？"

王后说："这该如何是好啊？"

"去寻找一个天底下最快乐的人，我想知道他快乐的原因。"国王答道。

之后，王后将国王的话传达给了王子，让他去寻找天下最快乐的人。

王子知道托比是天下最富有的人，应该是最快乐的，先去找他。来到托比的住处，王子说明了来意，谁知托比一脸愁容，无奈地说："王子呀，我一天也没有感到快乐啊！"

王子不解，问道："你已经非常富有了，为什么还不快乐呢？"

"我的目的是赚到天下所有的钱，这个目标还没有实现，所以我不快乐。"

王子只好来到邻国，面见了邻国国王，并说明了来意。邻国国王说："我跟你父王一样，整天都忙于国事，根本就快乐不起来。"

王子告别了邻国国王，继续寻找。有一天，王子遇到了一位智者，他告诉王子说："人间不存在快乐，只有苦难和忧伤。真正的快乐在天堂。"当然，王子没有相信他的话。

接下来，王子又遇到了不同职业的人，但他们的答案都不能让他满意。直到有一天，王子遇到了一个乞丐。那天，王子正在树下叹气，正好被这个乞丐看见了。

乞丐问："年轻人，天气这么好，你还叹什么气啊？"

王子见是乞丐，十分恼火，呵斥他说："关你什么事啊！"

乞丐没有恼怒，反而笑了笑，说道："前面有条小河，天气这么热，不如我们去洗洗，去去暑意，甭提有多快乐了。"

"快乐？你连饭都吃不上，还会快乐？真是太可笑了。"

"即使吃不到饭，用野果充饥也不错的。"

"那你晚上怎么睡觉？"

"地为床，天为被，多么宽敞啊！"

"那你身上有钱吗？"

　　"钱财是身外之物，我一个乞丐要钱干什么？钱太多了容易被人算计，我才不想自找麻烦呢！"

　　王子又问："那么权力呢？"

　　乞丐哈哈一笑说："权力算个什么东西？靠权力过日子的哪个比我快乐呢？"

　　王子问："你一无所有，到底凭什么这么快乐？"

　　"年轻人，我并不是一无所有，我拥有一切——太阳、月亮、春风、细雨、鲜花和无数的食物。这些都值得我快乐。"

　　王子恍然大悟，拉着他立即奔回了王宫。

　　如果你感觉不到快乐，那么你现在拥有的一切都不会让你快乐。其实，让你快乐的理由就是要珍惜眼前所拥有的一切。

　　人总是会有很多欲望，总是在不停地追求，认为得到了财富以后，自己就会变成一个快乐的人。得到以后才发现，自己原来并不快乐，于是财富成为沉重的枷锁，将快乐挡在了门外。快乐的方法就是打开枷锁，让自己变轻松。一个人有所追求，才会有成功的机会，追求可以成为一种快乐，欲望却永远都只是生命沉重的负荷。

　　詹姆斯在成为富翁之前，是一个穷小子，他每天穿着旧衣服，吃着残羹剩饭，非常羡慕街上那些坐马车的富人。他常常幻想："如果哪天我成为有钱人，那么我就是一个快乐的人了。"

　　有一天，幸运真的降临到了詹姆斯的身上，他竟然捡到了一袋珠宝。最初，詹姆斯想独吞这袋珠宝，但他转念一想，还是决定将珠宝归还给它的主人。于是，他在那里等了两天，终于见到了珠宝的主人。这个丢失珠宝的人对詹姆斯大为赞赏，也非常感动，当即决定赠送半袋珠宝给他。

谁知，詹姆斯却拒绝接受珠宝，并说："先生，我不想要这些珠宝，我想靠劳动成为一个真正的富翁。"珠宝的主人看着詹姆斯说："我专门做珠宝买卖，既然你不要珠宝，那就跟着我做生意吧，不过这袋珠宝就算是你的本钱。"

后来，詹姆斯跟着珠宝商人做起了生意，慢慢地赚了不少钱，成为一个富翁。为了赚到更多的钱，他兼并他人的店，几年之内成为一个真正的珠宝大亨。他终于过上了上流社会的生活，经常参加沙龙和晚宴。在宴会上他跟客人谈笑风生，可是客人一旦离去，就剩下他一个人，他变得一点儿也不快乐。他想娶一位姑娘为妻，可是那位姑娘是因为他有钱才嫁给他的，这使他感到非常痛苦。他的珠宝店还被人打劫过，于是他生活得战战兢兢，每天都担心自己的财富。

直到有一天，詹姆斯看见了一个流浪汉，见他脸上时刻都挂着阳光般的表情，便命人将他请进了办公室，问他："你生活这么贫苦，为什么还能这样快乐？我如此富有，却为什么感受不到快乐呢？"

流浪汉对他说："您看我一无所有，而您却背负着众多的欲望，怎么会快乐呢？"听完流浪汉的话，詹姆斯茅塞顿开。从那天开始，他决定做一些有意义的事情，比如帮助流浪儿童和无家可归的人，比如做一些公益活动。这么做之后，詹姆斯又有了笑容，觉得自己此时是真正快乐的。

欲望是个无底洞，是潜伏在人心里的一种病毒。人的欲望没有满足的时候，如果自己的意志不坚定，就会让欲望有机可乘，自己也最终会陷入无穷无尽的重负之中。不仅如此，欲望过重还会让人更加难以获得快乐。所以，一个人要想过得快乐、轻松，就一定要少一些欲望，多一些淡泊。只有这样人才不会为欲望所控制，才不会被欲望侵蚀心灵。

　　曾经有一个人每天都努力工作，可就是无法取得别人那样的成绩，甚至连自己的小小愿望都无法实现，为此他很苦恼。有一天，他去拜访一位智者，跟智者抱怨生活不如意，并请智者指一条道路。

　　智者没有说话，而是给他一个小篮子，让他走一步就捡一块石头放进去。

　　那个人按照智者的话去做，没一会儿，篮子装满了石头，很重，所以那个人累得气喘吁吁。智者此时才对他说："现在你明白你感觉生活累的原因了吗？那就是因为你的生活中有太多的欲望，还充斥着一些无用的东西，这些加起来让你难以承受。所以你感觉到生活很累。"

　　我们每个人来到这个世上的时候，都有一个小篮子，在成长的过程中，也都在捡石块，捡了第一块，就还想捡第二块，越捡越多，结果欲壑难填，被欲望塞满了内心，那么就失去了快乐。要想多一些快乐，少一些抱怨，那就不妨少一点欲望，多一点淡泊，求得内心的平静和安详，才是明智的选择。

## 浮躁占据你的思维，会让你失去清醒的头脑

　　浮躁是一种不健康的心态，如今已经遍布社会的各个角落，成为现代人的一种通病。人一旦浮躁了，自己内心的各种欲望就会蠢蠢欲动，导致自己很难平静下来，终日处在一种又忙又烦的应急状态中，脾气会变得暴躁，神

经会紧绷，于是抱怨不断，最后往往会导致自己被生活的急流所裹挟。浮躁不仅会影响我们生活的品质，也会阻止我们获得幸福和快乐。

很多时候，我们浮躁是因为我们的心总静不下来。使我们活得不堪重负的往往是我们自己。保持心灵的宁静不易，我们需要不断地反省，逐渐剔除掉心中不安分的东西。我们只有拭去心灵深处的浮躁，才能得到幸福和快乐。

从前在一个小村庄中有两个人，他们有一个共同点，那就是他们都疑心病重，内心充满嫉妒和猜疑，非常浮躁。所以，他们没有其他朋友，各自是对方唯一的朋友。

他们两个人经常被村里的人嘲笑："如果要他们不猜疑、不嫉妒，除非石头开花呀！"听到别人的嘲笑，他们的心里非常不舒服，于是就决定改变自己，开始自我反省。一个人对另一个人说："像我们这样嫉妒、猜疑别人，实在是不好的习惯，必须想办法改正才行啊！"另一个人同意他的说法，并提议去山里住一段时间，好好地反省反省。他们收拾好东西，跟本村德高望重的族长告别。族长为人坦诚、大度又有智慧，听了他们的讲述，对他们说："如果你们真的认识到了做人的道理，能够常常反省自己，这将是非常大的进步。但是如果你们浮躁的心静不下来，那么你们住进山里也是枉然。如果你们的心能静下来，那么即使在闹市里住也是一样的啊！"两个人听了族长的话，觉得在理，便放弃了进山的打算，依旧住在村子里。过了一段时间，人们发现，他们跟之前不一样了，不再那样猜疑和嫉妒别人了。

俗话说："欲速则不达。"无论做人还是做事，我们都应该一步一步来，踏踏实实地干，才开创新的局面。反之，如果让浮躁占据着你的思维，那么，你就会失去清醒的头脑，就根本无法稳步前进。浮躁是一种不可取的生活态度。浮躁的人在工作上眼高手低、敷衍了事，在学习上一知半解、囫囵吞枣。浮躁只会耽误一个人的前途，只有拭去浮躁，我们才能专心地做好事情。所以，无论是在学习上还是在工作中，我们都应该遏制浮躁的心态，脚踏实地、循序渐进。正如那句俗语所说的："劝君做事要专心，心安勿躁好成事。"

古时候，有个叫养由基的人，他的箭术非常高明，百步穿杨都不在话下。据说动物都知道他箭术高明，所以，只要他一出现，动物们都吓得逃跑了。有一次，两只猴子抱着柱子，玩得不亦乐乎，有人张弓搭箭要去射杀它们，但是两只猴子都没有在意，依旧玩闹着，甚至还朝着人们做鬼脸。这时，养由基走过来，接过弓箭，只见猴子们吓得赶紧逃走了。

有一个年轻人非常仰慕养由基的箭术，一心想拜他为师。养由基经不住年轻人的再三请求，于是就收下了这个学生。起初，养由基并没有直接教他射箭，而是交给他一根很细的针，让他放在距离眼睛几尺远的地方，然后整天盯着这根针的针眼看。年轻人按照养由基的要求去做，两三天后，他忍耐不住了，便问养由基："我是来学习箭术的，不是来看针眼的。您什么时候才能真正教我学习射箭呀？"

养由基回答道："你现在所做的事情就是在学习箭术呀！你继续练习吧！"

年轻人又坚持了几天，可是几天后，他再次变得烦躁不安，心想："天天看针眼能看出什么来？我看他就是在敷衍我，他也只是徒有虚名罢了。"

后来，养由基又教他练习臂力的方法，让他伸直手臂，然后在手掌放一块石头，这个动作要坚持一天。年轻人不明白养由基的用意，抱怨道："我是来学习箭术的，为什么让我端石头呢？"他心里非常不痛快，不愿意再练下去了。养由基也看出了他的心思，同时也认为他不是学习箭术的材料，所以就任由他去了。后来，这个年轻人又跟其他老师学习箭术，但是最终也没有什么大的成就。

其实，这个年轻人如果不好高骛远、脚踏实地，甘于从点滴做起，那么他最终很有可能成为一名射箭高手。但是，他抱着一种急功近利的态度，没有坚持训练，因此没能学到精湛的箭术。

不烦不躁，从容生活，这才是人生的最高境界。在现实生活中，当我们遇到困难的时候，切记不要心浮气躁。任何困难都只是我们生活的一部分，如果我们能够认识到这一点，就会明白这些困难根本不能作为阻挡幸福到来的绊脚石。当我们心情不好的时候，就会看什么都觉得不顺眼，做什么事情都不顺手。人在心浮气躁的时候是很难成事的，所以我们一定要拭去自己内心的浮躁，始终保持一个好心情。因为只有心情好了，人才能神清气爽，做起事情来才能得心应手。只有这样，我们才能成为幸福和自由的人。

# 不要被情绪轻易摆布，你要成为它的主人

你是否有过这样的经历：考试前焦虑不安、坐卧不宁；被老师父母批评后容易自暴自弃；和朋友争吵后，上街乱逛，并买一堆多余的东西泄愤。

偶尔有这样的情绪不要紧，如果经常这样，你就得注意了。因为不知不觉中，你已经成了情绪的奴隶，陷入情绪的泥淖而无法自拔。所以，一旦心

情不好，你就"不得不"坐立不安、"不得不"旷工、"不得不"乱花钱、"不得不"酗酒滋事。

让我们来学会管理自己的情绪吧，心平气和地对待一切事物，这样，我们的情绪才会保持在一种良好的状态下。如果我们为别人带来风雨、忧郁、黑暗和悲观，那么，他们也会报之以风雨、忧郁、黑暗和悲观。如果我们为别人带来欢乐、喜悦、光明和笑声，他们也会报之以欢乐、喜悦、光明和笑声。如果我们在学会控制自己的情绪的同时，还能体察别人的情绪变化，那么，我们能更容易使自己保持好心情。

每个人心中都有一把快乐的钥匙，但我们却常在不知不觉中把这把钥匙交给别人来掌管。一位销售员抱怨道："我活得很不快乐，因为我经常碰到糟糕的客户。"这位销售员把快乐的钥匙放到了客户手里。一位职员说："我的老板很苛刻，我很生气！"这位职员把快乐的钥匙交到了老板手中。一个成熟的人会握住自己快乐的钥匙，他不期待别人使他快乐，反而能将快乐与幸福带给别人。

弱者任思绪控制行为，强者让行为控制思绪。正如奥格·曼狄诺所说："学会掌握情绪，做情绪的主人，是人生前行的关键。"

马琴力曾是美国副总统，一天，一个议员带着几个人冲进了他的办公室，对他做出的一个决定表示抗议。议员开口就用很难听的话咒骂马琴力，而马琴力却异常平静，一点儿也不动怒，耐心地听着他发泄怒气。

等他们一个个说得筋疲力尽后，马琴力才用温和的口气问："现在你们觉得好些了吗？"然后，马琴力开始向他们解释自己为什么要做那项决定。马琴力平和的态度，使那个议员脸红了，他意识到自己的观点的确站不住脚。

如果马琴力在议员粗暴地指责他时竭力解释，那只会导致一场更激烈的争吵。一个人但凡有负面情绪，最根本的原因是心底感觉不如意。通常能正确处理负面情绪的人，会将不如意的事看作路上的一个小水洼，有时泥水溅在脚上，皱皱眉也就过去了。喜欢愤怒的人则不同，他们的水洼里全是汽油，一点就着，不但烧得自己面目全非，而且会殃及旁人，让旁人跟着不好过。等到他们冷静下来，发现自己脾气发得狠了，话说得重了，再去道歉，但旁人委屈也受了，气也生了，心里有了裂痕，哪有那么容易弥补？

怒气伤身，发怒会使人血液中的毒素增加，导致皮肤问题，加速大脑衰老，还容易使甲状腺失调，胃、肝、心脏都会受到影响，至于"气得肺炸"，更说明怒火会让肺负担过重，危害健康。克制怒气不只是为了人际关系的和谐，更是为了自己有一个健康的身体。只有悠闲的心态，才能保证生命的质量。

古时候，有位将军动不动就发脾气，他甚至曾在朝堂之上顶撞过皇上，因为他劳苦功高，别人都让他三分，但他的仇敌越来越多，他渐渐感到很有压力。

这一天，将军走进国内最大的寺院，请那里的高僧给他提意见。一开始，将军的言语里还有些责怪自己的意思，后来，他越说越烦躁，最后他说："我就这么个脾气，江山易改，本性难移，要我改，怎么改？"高僧问："既然天生就有的东西，那拿出来给我看看，如果拿不出来，为什么改不了？"

将军听到这话有些生气，不客气地说："你们这些高僧都喜欢诡辩！"高僧说："贫僧的话如果是诡辩，那将军的仇敌们对皇上说的也许'诡'上数倍，到时将军该如何分辨、如何自处？人们说戒急用忍，不是委屈自己，而是为了周全，将军难道不明白这个道理？"

　　将军并非不明白"戒急用忍"的道理，正是因为明白，他才会进入佛寺。可是，脾气不是说改就能改的，将军想得到的是更加实用的建议。

　　乱发脾气常常坏大事，给自己招惹不必要的麻烦。但一旦火气上来，人们常常不知道如何"熄火"。脾气毕竟是一种情绪，还是一种不易压制的激烈情绪。

　　克制怒气的方法并不难，在你想生气的时候，先攥紧拳头，倒数三秒。三秒过后，告诉自己："三秒都忍住了，再忍一下。"忍过三十秒、三分钟，这气也就消了一大半，至少不会以最剧烈的形式爆发出来。只有耐得住性子，才能保证你做出的判断是理智的，你决定的行为是妥帖的。若任由自己发脾气，那么得到的只有敌视和仇恨，所以，凡事能忍则忍。

　　忍耐是一种美德，但无条件、无限制的忍耐却是一种懦弱，有时候甚至会憋坏自己，让心灵变得阴暗。有智慧的人知道什么时候需要发泄，在原则问题上，他们掷地有声；在重大失误面前，他们临阵不乱，对责任人严惩不贷；看到不公事件，他们讨伐指责，更知道及时帮助那些有需要的人。怒气不是不可以发，但要保证这火烧得有根有据，更要知道范围。星火燎原虽然壮观，却可能导致大灾。只有那些恰当的光亮，才能保证自己的明亮，同时让人看到人性的光亮。

# 第五章　说话要看场合，
# 明白什么话能说什么话不能说

# 不是对方问什么就得答什么，有些话也可以"听不懂"

很多时候交际场如战场，会遇到形形色色的人，当然也会遇到让人难以回答甚至不怀好意的提问，如果不懂谈话技巧，很容易让气氛变得尴尬，甚至得罪人。在面对不想回答的问题时，我们要学会答非所问，巧妙化解，既不失礼，又保全了自己的面子。

有些人就是因为不善于巧妙回答提问，而让自己陷入被动又无法让对方满意。如果不懂变通，就无法掌握谈资之术。

小齐在保险公司干了很多年，能力没的说，就是不会说话。每次跳槽都是因为处理不好跟领导的关系。

再次辞职之后，小齐非常郁闷，整天借酒浇愁，还老抱怨没有人懂他。后来，好不容易有个老朋友想帮他一把，却被他搞砸了。

老朋友想把小齐介绍到朋友张老板的公司，特意摆了一桌酒席，千叮咛万嘱咐，要他好好说话。

酒过三巡之后，张老板了解到了饭局的意思，问小齐说："听说你的业务能力不错，为什么辞职啊？"

小齐不假思索地说："因为跟老板的关系不和，不知怎么就得罪了他。"

老朋友一听就不高兴了，他想小齐怎么还是如此不会说话？赶紧打圆场说："小齐比较实在，跟你开玩笑呢。他的业务能力挺好的。"

老板对小齐有了几分了解，不动声色地问："那你期望的工资是多少？"

小齐马上就要开口说越多越好，老朋友赶紧抢先说："大家交情不错，你根据他的能力给吧，他不会过多计较的。"

纵然老朋友在中间一再周旋，但小齐的表现还是让人不满意，最后老板找了个借口，离开了饭局。

"你怎么这么不会说话啊？我都帮你到这份上了你还是不争气，以后千万别再找我帮忙了。"最后，老朋友面子过不去，也撒手不管了。

小齐一个人坐在那里，又生气又无奈。

在交际中，不要回答别人想知道的问题，要回答自己想回答的问题。尤其是在重要的场合，巧妙的回答不仅能让人满意，还可以显示自己的能力和才华，让对方产生好感。小齐是个不会回答问题的人，不加思考、不计后果的回答，只能暴露自己的短处，影响自己的形象。

在跟别人谈话时，哪怕是你很熟悉的人也要好好回答对方的问题。从回答问题的方式，对方就能看出你的为人，直接影响对方对你的印象。有的人认为，话多说一句少说一句都没关系，因此在回答问题时常常信口开河，或毫无保留地据实回答。事实证明，这是不可取的。

这时答非所问就派上用场了。答非所问可以让我们巧妙地绕开他人的话题，既能避免尴尬或不怀好意，又能避免失礼，引起不必要的麻烦。懂得运用答非所问方式巧妙回答问题的人，总能在社交中如鱼得水，赢得"柳暗花明又一村"的新局面。

要想做到答非所问，就要懂得"揣着明白装糊涂"，这样的人不是傻瓜，而是真正的智者。面对尖锐的问题，回答会让我们感觉尴尬，不回答又显得不够大气，假装听不懂其中的含义，用其他方式回答就会刚刚好。

有些人无法做到答非所问，他的人际关系就显得比较紧张。凡事太过认真，就显得心胸狭隘，斤斤计较，这是交际中的忌讳，千万不能老犯类似的错误。遇到难题，要学会轻松绕行，这样才能把交际问题处理得更好，达到自己的社交目的。

遇到不方便正面回答的问题时，可以通过暗示让对方明白其中的意思，或者传达自己的不满，言在此而意在彼。这是一种有效的缓冲方法，将对方扔出的"炸弹"威力降低，也可以给对方一个含蓄的警告或下马威。如此，对方才能意识到自己的问题并加以改正。

我们在交际时，很多时候都不能"打开天窗说亮话"，而是要通过巧妙的暗示将难以回答的问题变得简单，同时让气氛不会太尴尬。所以，我们要学会通过暗示表达自己的意思，巧妙回答问题。

巧妙转移话题也是答非所问的重要方法。面对不想回答的问题，我们不妨当作没听到，开启新话题，这是很常用的说话艺术技巧。主动转换话题，主导谈话方向，这样我们才能在聊天中占据主动，避开雷区。

有一位做人力资源的朋友分享了这样一个故事：

小王是刚入职场的新人，因为初生牛犊不怕虎，一来就得罪了很多人，这让他吃了不少苦头。后来，虽然他也意识到了不妥之处，但平时跟人聊天时还是有人故意为难他。

在一次培训的时候，小王因为早晨有事迟到了五分钟，这可不得了，一时成了众矢之的。张老师是这里的老人，带头难为他："哟，小王，你可是从来不迟到的，今天培训怎么迟到了？莫不是对领导有意见？"

面对这个故意为难自己的问题，小王很生气，但也不敢跟张老师对着干，于是他灵机一动说："张老师，您来得真早，早就听别人说您是单位的楷模，以后我得跟您学习了。"

张老师还想发问，小王立刻打断他："听口音您是北京人吧？我外婆家也是北京的，有机会到北京请您吃饭。"

就这样，小王通过转移话题，巧妙避开了张老师的刁难，避免了尴尬，解除了危机。

转移话题，转移对方的注意力通常都能收到类似的效果。

遇到实在不想回答的问题，还可以曲解对方的意思，假装听不懂，用糊涂方式应付过去就行了。

很多时候，那些谈资经验十分丰富的人很会设计谈话陷阱，如果你按照常规的思维方式，必然会掉进对方的语言陷阱，而巧妙曲解就不会如此了。

如果对方的问题很有难度，或者你一时不知如何回答，可以通过反问把问题抛给对方，让对方替自己回答。如此一来对方可能会因为不好回答而放弃刁难，或者你可以根据对方的回答而取其精华。

总之，在交际中，我们难免会遇到些不怀好意的刁难者，他们总会设置一些语言陷阱，如果我们不懂，答非所问，就会陷入被动，被对方牵着鼻子走。所以，我们要培养自己绕开话题的意识，既给了对方有力的还击，又彰显了我们的智慧，这是最好不过的了。

在交谈时，除了可以通过以上几种方式来应对他人不怀好意的问题，我们更主要的是要随时保持敏捷的思维，寻找对方话语里的突破口。只有如此，才能把问题回答得更好，才能一直占据交际的有利地位。

# 特殊情况下，说些小谎也无妨

我们从小受的教育就是为人要诚实，在人际交往中，待人以诚是大家都认可的一个原则。

诚然，只有对别人付出真心，才能得到别人的信任，可有时候，特别是在自己陷入两难的处境时，我们要学会适当地说些谎，如此一来，既能照顾到对方的面子，也不致让自己陷入不利的境地。

有这样一个故事：

李可为人诚实，他最不齿的一种品行就是虚伪，因此，他一直要求自己，无论在什么场合，遇到什么样的人，都不能说谎。

可就是这样一个耿直之人，在他四十岁的时候，身边竟没有一个朋友相伴，连自己的亲人都不喜欢他，不愿意跟他说话。如今，唯一陪伴着他的只有一条宠物狗。

李可年轻的时候供职于一家大型的互联网公司，凭借多年的工作经验，他很快升为公司的一名中层领导。出于职位的需要，李可每天不得不和各种各样的领导和员工打交道。

有一次，公司进行大规模的部门和人员调整，老总让每一位中层都上交一份方案，李可特别实在，该汇报不该汇报的问题都说了，虽然说的都是实话，但也因此得罪了不少人。

其他的也就算了，他还把部门经理生活不检点的问题给披露了。

这下可好了，经理遇到了大麻烦，好不容易才把事情摆平，没被上面追究。

李可还跟没事人似的，觉得自己没有错，只是说了实话而已。但经理却把他当成了眼中钉、肉中刺，处处给他穿小鞋、使绊子，恨不得整死他。

最后，李可实在混不下去，只能辞职了。

"如果你当初肯帮经理说个谎，现在也不致如此啊！"有好心的同事提醒他。

"这是什么话，做人就应该说实话。"同事原本是好意，结果却挨了他一顿批，之后再也没人说他，也没人帮他了。他在"孤胆英雄"的路上走得更远了。


例子中的李可不是一个坏人，很耿直，但就是因为太过诚实，什么都说，才让自己变成了讨人厌的危险人物。在社交中，必要的谎言还是要说的，这是保护自己的必要手段。

说谎和虚伪不是同义词，尽管二者都是不值得提倡的品行，但有时候前者只是一种必要的交际手段，无关人的道德或者人品。李可的悲剧就在于他混淆了这两个词义，导致一生都没有人愿意亲近他，他失去了别人的尊重，也毁了保护自己的防线。

美国社会心理学家费尔德曼将人们说谎的动机分为三类：第一类，讨别人欢心；第二类，夸耀自己和装派头；第三类，自我保护。

前两个动机我们可以理解，至于第三个，有的人就会觉得为了保护自己而说谎是一件很不光彩的事情。其实，只要我们说谎的目的不是为自己谋私利或者伤害他人，内心大可不必为此纠结。

生活中，我们不免要与人打交道，其间我们会遇到各种各样的人，并不是所有的人都值得我们掏心掏肺，有时候，我们需要做的只是交际而已。

如果对对方的一言一行都较真儿的话，很容易让对方觉得尴尬，而自己也不会给人留下好的印象。不分场合的诚实，不仅会伤害别人，也会伤害自己。

抛开道德的标准不说，说谎其实也是一种智慧，真正高明的谎言可以为我们在人际交往中的表现加分。所谓高明的谎言，指的是说谎的时机要适当，用词也要合理，并且还要满含真诚，能让对方感受到温暖，同时面子也能够得以保全。

在生活中，我们经常会遇到这样的情况，本来已经打算好了周末要和女朋友出门游玩，可朋友却打电话来说，有没有时间小聚一下，这时候，如果直接坦白地说，不免会让朋友对你产生重色轻友的怀疑。

为了避免误会，你可以用一些听起来合情合理的理由将朋友推掉，比如说，公司加班、家里有事等，并且很真诚地对他表示歉意，并和他约在别的日子见面。如此一来，既安抚了朋友，也保证了自己的正常行动。

在与人交往的过程中，恰当的谎言可以起到润滑剂的作用。我们没有必要固执于绝对的真诚，相反，如果谎言能够让尴尬的气氛变得活跃，让紧张的关系变得轻松的话，那我们就不必纠结于自己说的是真话还是假话了。毕竟，我们的目的达到了，既没有得罪别人，也保护了自己的利益，两全其美。

在交际中，必要的谎言是不能少的，但不能说弥天大谎，也不能故意欺骗他人，否则谎言一旦被拆穿就会引起不必要的麻烦。因此，我们首先要分清楚场合，适当地说些无伤大雅的谎言。

　　杨星的朋友漫漫因为喝醉酒出了车祸，把脸划破了，缝了好几针，左脸看起来非常恐怖。她从小就是一个非常爱美的人，这可吓坏了她，天天跟杨星哭诉，要死要活的。

"漫漫，没事的，不会留疤的，伤口虽然大，但不深。"杨星安慰她，怕她一时想不开。

"真的吗？你确定吗？"漫漫迫不及待地问。

"对，是真的，"其实杨星也不敢确定，但她只能说谎话了，"我之前一个朋友，脸被玻璃划破了，也缝了针，后来她用了好药，最后真的没留疤。"

听了杨星的话，漫漫安心了不少。后来，漫漫的脸上还是留了疤，但她已能坦然接受了。对于杨星善意的谎言，她非常感激。

如果杨星没有说谎，漫漫当时难免会想不开，甚至做出不理智的事情。后来，虽然事与愿违，但漫漫还是很感激杨星，两人的关系更进了一步。

还有，在说谎时要对人对事，不能满口胡诌，那样一眼就会被他人看穿，不但不感激你，反而会觉得你虚伪，这样是很难得到他人喜欢的。

比如，你对一个长相丑陋的人说他长得好看，他一听就知道你在撒谎，甚至觉得是一种讽刺。所以，说谎要有事实根据，不能太离谱、太虚假。

值得注意的是，在为了拒绝别人而说谎的时候，要把理由说得很详细，语言要真诚，让对方理解自己的无能为力，通过好话赢得对方的同情心。不能张口就来，随意搪塞，否则被别人揭穿了就会很尴尬。

在这个世界上，没有不说谎的人，尤其是交际场合，虚虚实实，很难说清。每个人心中都有不想被毁灭的事情，不论大小，这时必要的谎言就会产生作用，不但能满足对方的心理需求，还能保证自己不得罪人，这样对双方都好。

# 说话要慎重，并非每个人都能推心置腹

在人际交往中，我们可以和任何人和平相处，但我们不可能和所有的人成为朋友。聊天时，我们完全不必推心置腹地跟所有人交流。

在聊天时，我们切记：不是所有的人都是可以推心置腹的。就算是朋友，我们也要先经过慎重选择，找到一个或几个真正可以掏心掏肺的朋友，再敞开心扉，推心置腹地交谈。

有这样一个故事：

韩玮和杨秀是同事，韩玮是一个真诚的人，对谁都特别实诚；而杨秀是一个特别精明、圆滑、有野心的人，为了自己的利益可以不顾一切。

然而，韩玮并没能早点儿看清杨秀，一直把她当成自己最好的朋友，因为杨秀很会隐藏和伪装自己。

老总的儿子华瑞刚从美国留学回来，对韩玮一见钟情，并通过努力和不断追求，终于打动了韩玮。华瑞和韩玮的恋爱关系确定后，公司里的很多年轻女性都对韩玮羡慕、嫉妒、恨，这其中也包括杨秀。

有一天，韩玮邀请杨秀去喝酒。酒过三巡后，韩玮哭了，杨秀觉得很奇怪。

然后，韩玮说："秀，你知道吗？我其实心里最爱的人不是华瑞。我大学的时候有一个感情很深的男朋友，但是，他出车祸离世了。他死后不久，我发现自己怀了他的孩子，为了爱，我把孩子生下来了，并交给他父母抚养。这是我唯一能为他做的事情。"

杨秀听到韩玮内心深处的秘密后，惊讶之余，又很窃喜。

后来，杨秀把韩玮生过孩子的事情通过其他方式传给了华瑞，华瑞很快就提出了分手，而韩玮无奈地放弃了这段感情，辞职离开了。

在交际中，我们都希望能有推心置腹的朋友。但是，我们一定要清楚地知道，不是所有的人都可以推心置腹。

就像韩玮和杨秀，她们是朋友。但最终韩玮向杨秀说了自己的秘密后，却被自己视为朋友的这个人出卖了。

我们在与那个可以推心置腹的人交流的时候，往往袒露的都是自己内心最深处的情感或秘密。如果我们选错了人，就会给自己带来非常惨重的后果。选错的那个人往往会把你的隐私视为你的弱点，并利用你的弱点把你打倒，或利用你的弱点达到某种目的。

也许，你会觉得是别人出卖了你。其实，要怪的人应该是你自己，是你自己选错了人，是你自己把他当成可以推心置腹的朋友。选对了人，你推心置腹的倾诉，可以缓解你内心的情绪，也可以得到他人的安慰和帮助，并能加深你与对方的感情。或许，对方也会把心底的秘密告诉你，你们就会成为交流最深的朋友。

选错了人，你的倾诉，就会成为对方利用你的把柄。所以，在你没有能力看清一个人是否值得信任前，最好避免与他推心置腹。

你一定要找你信任的人、你最了解的人、你知根知底的人，或是善良真诚的人作为你推心置腹的倾诉对象。

不要和表里不一、暗中伤人者推心置腹。这样的人往往会在表面上对你友好，实际上是想挖你的隐私，利用对你的了解，在暗中不知不觉地伤害你。

## 第五章　说话要看场合，明白什么话能说什么话不能说

有这样一个故事：

张佳刚刚进入公司工作，她的部门经理是一个比她大十多岁的大姐，叫周韵。有时，加班晚了，周韵就请张佳去吃夜宵。一来二去，她们就熟了。

有一次，周韵请张佳去喝咖啡，然后就开始非常煽情地讲自己的感情经历。说完后，周韵把话锋一转，对张佳说："把你的情感经历也说给我听听吧。我可是一个非常好的倾听者哟。"张佳含蓄地笑笑，不说话了。

张佳曾听同事们说，周韵是一个心机重、野心很大的人，所以，她想了想，还是不要把自己的情感经历告诉周韵的好。毕竟，张佳对周韵还是不太了解。

张佳说："我的经历太简单了，不值得一提。"张佳的回答，令周韵大失所望，她想挖张佳隐私的打算泡汤了。

后来，张佳听说有一个女同事因为和周韵交过心，结果被她利用了。张佳庆幸自己没有和周韵这种人深入交谈过。从此，她做事更加谨慎小心，对周韵也是敬而远之。


表里不一，暗中伤人者通常在你面前伪装得非常好，通过对你关心，和你拉近关系。他们会在你情感低落时，陪在你身边，假装安慰你，实则是在套你内心的隐秘情感。

这种人还会先把自己的隐私推心置腹地告诉你，然后再希望同等交换，获取你的隐私。对于这样的人，你一定要敬而远之，对自己的事情要守口如瓶。

对有恶劣习性的人，也不要深交。这种人是意志薄弱的人，而且人品也

不好。这种人没有社会责任感，没有道德底线，只要给这种人一点好处，他们就会出卖朋友。把自己的隐私推心置腹地告诉这种人，无疑是在自己的生活中埋下了定时炸弹。

以自我为中心、自私自利者，也不是推心置腹的对象。这样的人会在一切活动中以自我为中心，总以自己的利益为出发点，很少真正顾及别人的立场与感受，跟这种人深交，最终牺牲的就是自己。

这种人，会在你触及他的利益时，随时准备牺牲你的利益，而成全他自己。

对于那些心态灰暗、处事消极的悲观主义者，你也得敬而远之，这种人只能给你的生活带来负能量。与这种人交往，你的生活中不会有阳光。

你推心置腹的倾诉，只会换来这种人的一声叹息。也许他不会出卖你，但他却不会给你积极的影响、良好的建议、正面的能量，还有真诚的安慰和劝导。

当你这样一一去排除时，你会发现你身边真正可以推心置腹的人少之又少。

在交际中切记：并非所有人都可以推心置腹。

# 说话要投其所好，寻找双方共同点

在交际中，难免会遇到话不投机时的冷场，这时我们不能放弃交流，要赶紧转换新话题，避免让窘态继续。

很多时候，在沟通时我们还需要投其所好，找对方感兴趣的话题，这样才能把话说到对方心坎上，才能赢得好感。有人说过："如果你转换的话题能让人感兴趣，那么你就是很厉害的沟通高手。"

有这样一个故事：

李东和李西是两兄弟，李东比较机灵，不管去哪里都能得到别人的喜欢；李西就显得有些木讷，尤其在跟人交往时常常因为话不投机而被大家嫌弃。

有一次，他俩都想自己开店铺，就去跟爸爸说。爸爸告诉他们："家里现在没这么多钱，不过我有个有钱的朋友，你们一起去找他吧。谁能说动他，谁就能获得他的资助。"

下午，李东和李西就开车出去了。一路上，他俩都不说话，都在盘算如何得到父亲朋友的欢心。

"伯父，很高兴见到你。"一看到那个人，李西就赶紧打招呼，想给对方留下好印象。

老朋友只是随意点了点头，甚至都没说欢迎他们。

"伯父，我想开个商店，想请您帮忙投资一下，我爸爸说你是他最好的朋友，请帮帮我吧。"李西说得非常诚恳。

之后，李西就开始说自己的宏图大业，说得非常激动，但是老朋友越听越不耐烦，甚至开始打哈欠。

"伯父，是不是耽误了您打麻将的时间？"李东看不下去了，赶紧转换了话题。

老朋友一听打麻将，立刻不困了，他说："你怎么知道我喜欢打麻将？"

"我爸在家常说，您打麻将的技术很高啊，我一直想跟您请教，现在终于有机会了。"

就这样，李东开启了一个老朋友感兴趣的话题，两人越说越兴奋，李西在一边尴尬得一句话也插不上。

之后，李东又在适当的时候说了自己创业的想法和优势，老朋友思考了一下，答应给李东投资。

"其实李西的创业想法也不错，要不您也考虑看看？"

在李东的劝说下，李西投资的事也说好了，兄弟俩很高兴地回去跟爸爸分享喜悦了。

"酒逢知己千杯少，话不投机半句多"，在交际中，如果你不能迅速跟他人找到共同话题，很可能就会失去一次重要的交际机会，甚至引起对方的不满。文中的李东就比较机灵，话不投机时知道立刻转移话题，保证了交流的顺利进行。

在交际中，我们会遇到形形色色的人，有时遇到感觉不好的人时难免会尴尬，感觉话不投机。如果双方都因为话不投机而不愿多说，呆呆坐着，就无法打破尴尬局面，有进一步的发展，当然肯定更谈不上建立关系了。

最好的解决办法就是，从对方身上找让他感兴趣的话题，打开他的话匣子。如果能做到这些，你必然会成为交际高手，占据操控者的地位。

在交际中，大家都是有交际目的的，都想把话说到对方的心坎上，这样才能起作用。要想做好这些，就必须学会投其所好，说对方感兴趣的事。

有些人不以为意，在沟通时只顾自己的感受，说自己的话，办自己的事，如果细心观察，你会发现这种交际方式的效率是很低的。

因此，掌握一些必要的说话技巧就显得很重要了。这些说话技巧看似很简单，事实上做起来很不易，不仅需要我们有投其所好的意识，还要身体力行地去寻找技巧。说话的人不同，寻找共同话题的方式也会有异。

语言是沟通的基础和桥梁，是在交际中成就自己的有力武器，学会投其所好，才能让自己的语言更有感染力，更能打动别人。

跟人交流，转换话题之前，要先进行观察，如果不能找到对方感兴趣的点，新开启的话题也依然不会让对方满意。

我们可以通过观察对方的着装、表情、言谈举止等找到对方感兴趣的点，然后打开话题，达到我们的交流目的。通常，最适合观察的是一个人的装扮，从装扮中能看到他的内涵、品位、喜好和地位。懂得这些之后，我们才能准确找到对方感兴趣的点。

如果不能正确观察，我们还可以适当地进行一下了解，从他人的特点开始，主动询问，可以询问对方的事业、生活和兴趣爱好，这些通过寒暄都能知道。

一位女作者非常善于利用人们的亲近心，营造温馨的交际氛围。有一次，她到外地出差，对自己的新书进行推广宣传。当时，有一个穿戴整齐、看起来非常绅士的男人出来迎接她，表示问候。女作家连忙走上前去，与那位男士友好地握手，并十分热情地说道："您辛苦了！令尊还好吗？"那位男子顿时感动得说不出话来。之后，女作家的图书宣传签售会进展得非常顺利。事后，她身边的助理不解地问道："您认识他父亲吗？"女作家一笑，说："我不认识。但我想，谁都有父亲吧！"

就是这样简单的一句问候，女作家迅速在陌生男子心中建立起了亲情意识，让他觉得女作家是个值得信赖、非常亲和的人，从心理上对她产生了认同感。生活中，我们如果遇到类似的情况，也不妨试试这个办法，先聊聊一些题外话，淡化彼此的生疏感，再逐渐引入正题，效果远比直接谈论工作要好得多。

寻找对方感兴趣的话题，在人际交往中非常重要。要想在短时间内建立良好的沟通氛围，避免话不投机，就必须找到谈话的契合点。

还有需要注意的是，在交谈中不要以自己为重，要注意对方的情绪，要看对方是否愿意交谈。如果发现对方不感兴趣，或在应付了事，千万不要犹豫，立刻转移新话题。你拖得越久，对方对你的好感也就越少。

只有彼此有共鸣，才能使谈话进行得更深入、更愉快。孤掌难鸣，以自我为中心是无法完成交际的。

话不投机是大家沟通的主要障碍，要是不及时转移话题，对方会拒绝继续沟通。实际上，要想成为交际高手，绝不能给对方说不的机会。只有通过及时观察，迅速找到共鸣点，沟通才能继续下去。

说话要投其所好，只有在最短时间内让对方对你的话感兴趣，对方才能慢慢靠近。这需要很高超的说话技巧，我们平时只有注意多观察、多锻炼，才能让自己成为交际高手。


# 聊天不能想说什么说什么，别人的污点碰不得

每个人都会有或多或少的污点，毕竟人无完人，但在交际中，我们绝不能只盯着他人的污点看，甚至对其不屑一顾。这是无礼的表现，不仅会伤害他人，树立不必要的敌人，还会影响自己在大众面前的形象。

谈资是一门学问，如果总是轻易对有污点的人失礼，盲目地自我感觉良好，就容易处在危险之中，久而久之，自己也会失去人心。

张冰是高级俱乐部的会员，俱乐部每个月都会举行社交宴会，每次都会来很多名人，是拓展人脉的绝好场所。所以，在这里，大家都会尽

情展示自己的交际之术，以此来获得别人的关注。

张冰性格比较冷傲清高，她来这里的目的就是寻找完美的合作人。在交谈之中，她从别人口中听到了科技大亨张先生的"丑闻"。

据说张先生离过三次婚，最近的一次是上个礼拜之前。他的"小媳妇"偷了他很多钱，最后跟别人跑了。

张冰一听就对他满脸不屑，她认为这么花心滥情的人简直就是可耻的。

"你们好，我是张先生，很高兴认识你们。"话说没多久，张先生就过来打招呼，其他人都很热情地给予了回应。

"哼。"张冰满脸不屑，她理都不理张先生，径直走开，跟其他人打招呼去了。张先生非常尴尬，他深深地记住了张冰。

有好几个朋友，都提醒张冰，不要太过情绪化，不能对别人无礼，哪怕是有污点的人，他也会有了不起的一面，说不定还能成为合作者。张冰年轻气盛，对大家的劝告不屑一顾。

这世界真小，后来有一次张冰跟着同事去会见客户，结果正巧碰到了张先生，他什么也没说，只是含笑看着张冰。

这时，张冰都懊悔死了，她真后悔当初让张先生下不了台，现在对方肯定不会跟她合作了。事实上，张先生是非常理智的科技大亨，他没有太为难张冰，但合作期间也只跟张冰的同事详谈。此刻，张冰才真正意识到当初的失礼是多么不应该的事。

从那之后，她再也没犯过类似的错误，她时刻铭记，他人的污点绝不应成为自己失礼的理由。

所有人都有缺点，甚至是污点，如果只盯着他人的污点看，必然会使自己变得心胸狭隘，斤斤计较，失去更多朋友而变得更加孤独。

　　社会中人际关系是非常复杂的，如果你不能说出得体的好话，就不要信口开河。有些人就喜欢背后说别人的污点，到处宣扬，甚至当面出言不逊，做出失礼的举动。这是所有悲剧的开始，很多后果往往是不能预料的。

　　有人说过，与他人相处时，如果只盯着对方的缺点，一天也无法跟他继续交往下去；如果在看到缺点的同时还能看到对方的优点，那么做一辈子的朋友也没问题。在交际时，太过苛刻，眼光太过挑剔，很容易成为众矢之的。

　　也许你认为轻视别人没关系，但他人会记住你的失礼，以致记恨、反感你，不利于人际关系的建立。

　　跟人交际时，你要时刻注意对方的面子，毕竟在交际场合，面子对每个人的意义都是非常重要的，所以最好不要做失礼的事。不要逞一时之快，而在人际关系中落于下风。

　　在交际中，为了给他人留下好印象，我们会刻意注意很多问题。如果你对有污点的人失礼，给他人留下不懂事的坏印象，于己于人都是有害无利的。

　　很多人在交际中，都会犯这样的错误：喜欢拿别人的污点打趣。也许，开玩笑的人只是随口一说，但被说的人心里肯定会很不高兴。如果没有眼力，通常得罪了人还不自知。总之，在交际中一定不要随便看不起人，不要看到有污点的人就侧目，你的一时失礼，会为以后的人际关系埋下祸患。所以，你要时常约束自己，不要做失礼的事。

　　"打人不打脸，揭人不揭短"，当面对有污点的人时，你一定要避开提及其污点的话题，如此才能避免失礼，不致引起对方不悦。当有人说及某人的污点时，我们也不要太当真，要根据自己的是非观念来判断，更不能听完之后就大肆宣扬，表达对当事人的不满。

　　拿别人污点说事的人，不仅会得罪当事人，旁人也会认为他无知，反而损害自己的形象。当听到闲话时，我们还要及时制止，体现我们的理性和睿智。

除此之外，在跟人相处时，我们要多肯定他人的优点，每个人都有想得到他人肯定的心理。每个人都可能有污点，也会有优点，多肯定他人的优点才能跟大家友好相处。当别人都在拿他人的污点说事时，如果你能肯定他的优点，必然会得到他的感激，他日获取帮助时也会容易许多。

李亮是个朝九晚五的上班族，他最爱在下班的时候买水果。一天，楼下来了个卖水果的新摊，他决定去买一些。

结果，他挑完水果之后才发现自己的钱包不见了，他找了很久也没找到。当时，真是尴尬极了。

"你是李亮吧？"卖水果的男子居然认出了他。

"对、对，我是。"李亮连声承认，但却不认识摊贩。

"我是小杜啊，之前在你们公司上过班，你不记得了？"

说到这里，李亮才有了印象。当时，小杜娶了一个长相难看的妻子，大家没事都笑话他，只有李亮一直很尊重他，肯定他的工作能力。

"这些水果你拿着吃吧。"小杜非常热情，让李亮感动不已。

虽然是件小事，但不难看出，多肯定他人的优点、少说缺点是赢得大家喜爱的好办法。

如果在谈话时，非要提及他人的污点，这时就要掌握正确的方法：语言要含蓄，说法要委婉，最好一带而过。如果说话太过直接，很容易伤害对方的自尊心，将矛盾激化。

每个人都可能有污点，如果我们能客观真诚地看待评价，相信他人也不会说什么，但万不可出言不逊，幸灾乐祸。如此失礼，后果会很严重。

交际是个彼此照应的过程，如果你能面对他人的污点不失礼，来日自己犯错时，对方也能保全你的尊严，以礼相待。这个简单的道理，想必很多人都知道。但往往一些人因为感情偏见，而用有色眼镜看待别人，其结果也无非是逞一时之快，害人害己。

在跟别人说话时，要客观看待他人，讲究正确的交谈策略，不主动提及他人的污点，不碰他人的伤疤，用温和的态度以礼相待，这样你就会发现，你的世界会宽阔许多。

# 在成人的世界里，已经没有了童言无忌

当你步入社会后会慢慢地发现，那些从前在课本里学来的心直口快、仗义执言、直言不讳等行为，在这个现实的世界里显得那么不成熟。因为，那些口无遮拦的人，总是轻易地就得罪了某些人。

谷雨平时为人热情，多次帮助公司的女同事介绍对象。但结果是成的少，无疾而终的多。在公司里，有一位30多岁的女同事，谷雨多次给她介绍对象都没成功。谷雨一时心急，就在闲聊时感慨地说："三四十岁还不结婚的人心理肯定有问题。"语毕，那位女同事很生气地说："我怎么就有问题了，你这么说话合适吗？"

谷雨也觉得自己说话过分了，连忙补充道："对不起，我不是说你，我是说男的。"说完，才想起来办公室里还有一位快到40的男同事至今未婚，最后办公室一片静默，好好的气氛就这样被破坏掉了。

## 第五章　说话要看场合，明白什么话能说什么话不能说

年轻人一定要管好自己的嘴，别像谷雨那样，什么话都不经过思索，就脱口而出。这样很容易就会伤害到别人，而自己在别人心中的信任度就会直接下滑，最终成为一个不受欢迎的人。

露露为人直爽，说话直接。同事们经常说她口无遮拦，说话永远不经大脑，总是先说话后思考。就因为说话口无遮拦，常常不顾及别人的面子，所以有时得罪了人，她还不知道。

一次，朋友郝灵买了一件新衣服，很贵、很漂亮。但遗憾的是郝灵的身材因为刚刚生完孩子有些臃肿，衣服穿起来显得有些不合适。

朋友们都看出来郝灵很喜欢这件衣服，所以都不忍心打击她，纷纷赞扬起来："这样的衣服才显出你的气质，穿起来真好看啊，虽然贵了点，但物有所值啊！""这件衣服真好看啊！在哪买的，哪天我也买一件！"……

这一系列的赞美让郝灵很受用，她非常高兴。可是这时露露却突然说："你太胖了，身材都变形了，穿这衣服真是不好看，你看你的小肚子都露出来了，多难看啊！而且还那么贵，也没见得好在哪儿啊，我看也不值那么多钱！有这些钱都能买好几件不错的衣服……"

还没等露露说完，郝灵便气愤地走了。其他朋友也很生气："你是实话实说痛快了，可这不显得我们虚伪吗？"

以后，大家聊天时总是躲着露露，毕竟，谁的面子也不经伤啊！

俗话说："病从口入，祸从口出。"像露露这样口无遮拦，虽然逞了一时的口舌之快，但最终却伤人伤己。

步入社会以后，你就没有童言无忌的豁免权了，如果你继续口无遮拦，那么只能让你处于朋友不待见、同事不喜欢的尴尬境地，最终交友失败、事

业失败。所以年轻人一定要先明白这个道理，然后在与人交往时，牢牢把握好说话的尺度，避免口无遮拦。只有这样，在与人交往时，才能保证自己不会因为说话而得罪人。

# 第六章　职场注意言行，
# 让自己在办公室如鱼得水

# 身在职场，要懂得来而不往非礼也

在办公室里，当同事带点儿瓜子、水果、糖之类的零食到办公室，休息时请你吃，不要因为难为情就一味拒绝。如果你冷坐在旁边一声不吭，或在同事递过来东西时，表现出一副不屑与之为伍或不稀罕的表情。人家热情分送，你却每每冷拒，时间一长，人家就有理由说你清高、傲慢，觉得你难以相处。

张丽丽是一家对外贸易公司的翻译员，在公司里特别受欢迎。为什么呢？因为张丽丽每次去外地出差回来，都忘不了给办公室的同事们带一些新奇古怪的小玩意，虽然都不贵，但大家都特别领情。

当同事生病了的时候，张丽丽同样也会奉上一张自己亲自制作的卡片。像逢年过节，发张电子贺卡更是不在话下，同事们平常也都特别照顾张丽丽。

有时候，张丽丽也会带点儿小零食放在办公室，每次到了下午茶的时间，张丽丽总会把办公桌的抽屉打开然后大声说："张丽丽来分零食啦。"同事们都笑着和她打作一团。即便有的时候和同事发生了一点儿小误会，张丽丽也会用礼物来修补感情。

当有人问起这件事情的时候，张丽丽说："如果让我当面对人示好，或者示弱，我都会不好意思。而花点儿心思选个小礼物，则一切尽在不言中。而且你给了别人礼物，同样你自己也收获了快乐和帮助，这样对自己又有什么不好呢？以后工作中有了问题，还可以非常大方地找同事帮忙，同事也会欣然答应，这种礼尚往来的方式非常好呢。"

　　我们每天和同事相处都要七八个小时，那么在这段时间内怎么去拉近我们彼此的关系，可以算是一门大学问，而礼尚往来则成了同事之间最为普遍的沟通方式。美国畅销书作家罗伯特·哈夫在一本叫作《如何在这个疯狂世界里找一份好工作》中一针见血地指出："人类社会主要建立在'馈赠关系'之上，有来才有往。"同事之间互送小礼，不仅是一种礼节性的表现，而且更能显示出彼此之间的友好，也在暗地里为自己的职场铺好了宽广大道。

　　如果你懂得把礼物的功效发挥到极致，那么就会成为公司里面最受欢迎的人。例如：从外地出差回来，给同事带点儿小特产；同事生病了，奉上一张祝福卡片；逢年过节，发个祝福短信；和同事闹了矛盾，也可以通过小礼物来赢得同事的心。这样做，不仅是一种礼节，也是一种待人处世的方式。因为送礼物给同事，是建立感情、推进关系的有效桥梁。不过切记，千万别买太贵重的礼物，点到为止，免得让同事觉得是"无事不登三宝殿"。

　　当然了，日常的礼尚往来乃人之常情，当我们送出一些礼物给同事时，同事回送些一般性的礼品也无可厚非，但并非所有的礼物都宜一视同仁、全部收下，有时拒收同事的礼物也是必要的。比如我们收下一些可能影响工作大局而使某方得益的礼物，则有构成受贿罪之嫌，是万万不可取的。另外，当我们觉得送来礼物的同事是别有用心者，一般也都应该拒收，实在推脱不过，也要尽快回送同价值的礼品；不愿收受的，除退回礼物之外，应附以委婉、诚恳的感谢。

　　需要注意的是，在送礼的时候尽量不要当着所有同事的面去送，除非你能够保证所有的同事都有份。否则，那些收不到礼物的人难免会在心里产生嘀咕，在别的事情上对你使小绊子，这样对你来说难免就"受累不讨好"了。

　　其实，同事之间的往来不仅是人际交往中最为重要的一点，也是职场礼仪中我们必须学会的一点。也许礼物可大可小，等次可高可低，但是却可以拉近同事间彼此的心灵。

很多时候，职场也是可以充满淡淡温情的，职场并非就是冷酷的代名词。所以，适时地与同事之间进行友好的礼尚往来并非不可，这样不仅可以有助于我们更好地建立职场友谊，也可以为我们以后的职场之路更好地走下去而打好基础。


# 祸从口出，避免谈论自己和同事

职场是一个付出的地方、获得收益的地方，而同事是你最好的伙伴。在单位里你一定要管住自己的嘴，切记同事不是密友，你说出的言论很快就会传遍整个公司。

朱宁是个刚刚进入公司的年轻人，他性格开朗，为人直率，进入公司后和同事们相处得也都不错。由于公司有内部食堂，所以中午同事们大都聚在一起吃饭，嘻嘻哈哈，特别热闹。朱宁刚进公司，一脑袋的主意和意见，正憋没地儿去说。于是，经常能在中午的餐桌上，听见朱宁慷慨激昂地点评公司的政策、现状、客户，甚至公司许多其他同事的情况。慢慢地，朱宁发现自己的饭桌上越来越冷清了。有的时候，他特意跟别人坐一桌，别人也会只低着头吃饭，吃完就走。而且他还发现，自己跟同事们的关系也慢慢冷淡了下来。

有一次，公司一位快退休的人告诉朱宁："小伙子你人不错，就是话多了点，说实话，你的话有些我不太爱听。我不爱听还没啥关系，要是换成你的顶头上司或者跟你有利益冲突的同事，那你就得多多小心了。可能，你还没有'上路'，就因为话太多而得罪了别人遭到他人的报复。年轻人，少说点话没关系，千万别多说。"听了这位同事的话，朱宁觉得很困惑，自己真的错了吗？

　　的确，相信很多职场新人都有这样的困惑，难道在公司里连话都不能说吗？是的，聪明的公司职员都是不该开口就绝不开口的人，因为他们知道，乱说话对于职场人而言是致命的硬伤。职场新人切记：不要谈论自己，更不要议论别人。如果你非常喜欢评头论足，这对你的声誉绝对是有害无益的，最终你将会成为大家都不愿意交谈和信任的人。当你刚加入一个新的团体或一家新的公司时，新环境里自然会有很多令人耳目一新的事物，但你首先要学会的不应该是高谈阔论，而应该是潜心、细致地观察和思考。当然，我们所说的少说话不是让你一句话不说，该表明自己立场的时候还是要说，不懂的地方该问的还是要问，否则你将同样面临失败。

　　许多刚走出学校的毕业生都有一个相同的毛病，心里一有什么事，总需要找个倾诉对象。还有的人，不分场合，不分时间，见人就说。其实这样也没错，好的东西和别人分享，坏的东西更是不能放在心里，你可以说，但是不能随便找个人乱说，因为每个人看待问题的角度都是不一样的。你在说心里话的时候一定要分清场合和对象，该说的说，不该说的一定不能说。

　　王平刚参加工作时，想法很单纯，像学生时代那样与朋友无话不说，经常把自己的内心想法告诉给别人。就在他刚工作不久，就因为表现突出成为部门经理的候选人。可他一次无意中和同事们吐露董事长和他的父亲是好朋友，于是，大家就把所有注意力放在他和董事长的私人关系上了，而完全忘记了他为公司做过些什么。最后，董事长为了显示公平，任命了另外一个能力和他差不多的职员为部门经理。

　　要是王平能够把秘密藏在心里，可能他就不会错过这个升职的好机会了。大学毕业的年轻人们要记住一点，领导们都喜欢公私分明的员工，敬业的含义不仅是努力工作，更重要的是代表着你能以大局为重，不把私人的感情带到工作中。

　　每个人都要注意保护隐私，到底什么时候需要保护隐私呢？我们每个人的信息可分为绝对隐私、非隐私、相对隐私三大类，前两种较好把握。例如，对你的工作产生影响的背景、人脉都会影响别人对你的看法；与上司、个人的社会关系，重要人物的私交等信息，都属于绝对隐私。和别人交谈时，你最好在说话之前先思考一下，想想这些话对这个人说了以后会不会对自己造成影响。

同事之间很多时候只是一种合作关系，他们不可能把你当成家人一样去包容你、体谅你。一般来说，与同事之间保持一种礼仪和互相尊重的关系就足矣。而一些隐私性的东西，除深深地掩埋在心里之外，最好别拿出来"示众"。

刚进入职场的毕业生，管住自己的嘴要注意以下几点：

1. 得意之时莫张扬

每当自己因工作小有成绩而受到上司表扬或者嘉奖时，不少人就开始在办公室中飘飘然，四下张扬，或者故作神秘地对关系密切的同事倾诉。如果消息传开，那同事们一定会妒忌，从而引来不必要的麻烦

2. 闲聊的话别深究

在业余时间里，和同事们聚会闲聊是一件很正常的事情，可是很多人就是喜欢在别人面前炫耀。如果你一定要追问下去的话，对方马上就会露馅，这样既扫了大家的兴趣，也会让喜欢炫耀的同事难堪。

3. 同事隐私不泄露

既然是隐私，就是不想被别人知道的关于发生在自己身上的事情，要是同事从别人口中得知自己的隐私被你曝光，肯定会在心里不止千遍地骂你，并为以前付出的友谊和信任感到后悔。

4. 不要搬弄是非

如果你十分喜欢散播谣言，那你也不能要求别人一定要倾听。喜欢搬弄是非，会让别人对你反感。

5. 牢骚不可随便发

喜欢发牢骚不仅让同事反感，而且如果让领导知道了，那么你在工作中将会遇到很多无形的困难。言多必失的教训实在太多，因此你要时刻告诫自

己，不要试图通过说话给别人留下深刻的印象，说多错多，尤其是在存在竞争关系、利益冲突的职场，千万要管好自己的嘴，切记祸从口出。

## 学会时刻微笑，让同事都看到你的友好

不把同事看成朋友是很多职场人士的信条，然而，不把同事当敌人却是职场中的很多人所忽略的。身在职场，你不能够对你的同事怒目相视，在职场上最得体的表情便是微笑。尤其是刚踏上工作岗位的毕业生一定要学会微笑。俗话说"爱哭的孩子有糖吃"，在职场中，爱笑的人才会得到他想要的。在职场中只有微笑，才能建立良好的人际关系，顺利地开展工作。

在工作中，微笑不再是真情流露，微笑成为一种职业表情，即使是跟别人吵了架，跟家里闹翻了天，或者破财遇祸事，都不能把这些沮丧的心情挂在脸上。每天出门前，你应该把一切负面情绪都咽到肚子里，然后面带微笑迎接新一天的工作。

时间长了，你就会发现，每天面带微笑会给你带来许多意外收获，因为，微笑不仅是友好的标志，也是礼貌的象征。在工作过程中，微笑能加深同事间的感情，调节工作时紧张的氛围。

关敏刚到公司上班时让很多同事都感到惊叹，人们经常私下议论：这个小姑娘年纪轻轻，脸上却让人看不出任何情绪波动的痕迹。这主要得益于关敏大学毕业前在肯德基打工的经历。肯德基要求服务员学会微笑服务，他们每天都强调：顾客对了，要对他们微笑；顾客无理取闹，也要对他们微笑，并且耐心地解释。这对一个心高气傲的年轻人来说，是耐心和毅力的很大考验。开始关敏觉得不习惯、不适应，觉得委屈，时间长了，关敏发现，微笑是一种非常好的与别人沟通的方式。也是因

为这段经历，让她尝到了微笑的甜头，并把它带到了毕业后的正式工作中来。

关敏现在并非做一线的服务行业了，而是成了办公室里的一个小白领，每天在自己的方圆一平方米内与电脑交流，但是即使如此，每当有人跟关敏说话时，关敏下意识的表情都是嘴角上弯，小虎牙微露，让对方还未说话心情便已豁然明朗。久而久之，同事们都很喜欢这个每天带笑的小姑娘。也有人批评关敏的微笑太职业，不算真正发自内心的笑，但是关敏觉得即使在自己心情郁闷的时候也能微笑着对待别人，这也充分表明了对对方的尊重。

其实，最美的微笑不是与生俱来的，而是训练出来的。有些职场人不习惯微笑，那么就得花大量时间练习了，即使不能达到炉火纯青的地步，但是在心情低落时努力笑一笑，哪怕是假装微笑，也会让自己的心情好一些。

怎样微笑才是最美的？微笑是由嘴巴、眼神和眉毛器官协调完成的。与此同时，微笑也要讲究度。交谈中哈哈大笑，不仅会让对方感到反感，也会让大家十分尴尬，微笑时如果加上得体的手势或者肢体语言，会更加自然、大方，效果立竿见影。

在工作中微笑更多的是表达对对方的尊重，尽管你可能心里不赞同对方的做法，但你还是要保持微笑。大部分时候，微笑与心情好坏无关，而是源自对他人的尊重和礼貌。

# 初入职场，适当的低调更有利于生存

工作中真正懂得表现自己的人，通常既表现了自己而别人又察觉不到。他们不会自顾自地在那里大谈特谈，不会以自我为中心，而是能给人一种参

与感，与同事交谈时，他们喜欢用"我们"，他们不喜欢用"我"，因为
"我"给人产生一种距离感，而用"我们"不仅无形当中把其他同事拉到同
一阵营，并且更有亲和力，而且还可以按照自己的意图影响他人。

"枪打出头鸟""木秀于林，风必摧之"，这些都告诉我们，一个人太
出彩其实并不是一件好事。我们只有随时保持谦虚低调的态度，才能让自己
离成功越来越近。因此，我们在工作后的头三年里就要学会不露声色地让别
人注意到自己，这也就是大家所说的"低调地卖弄"。

张栋是一家大公司的职员，他工作积极主动，待人热情大方，深受
同事们的欢迎。可是突然有一天，一个不经意的举动让他在同事眼里的
地位一落千丈。

这天大家在会议室等待着经理来开会。一位同事觉得地板有些脏，
于是就站起来开始打扫。张栋却没有注意到，一直站在窗台边往楼下
看。突然他走到拖地的同事面前说要替那位同事打扫，这时地已经拖完
了，可张栋执意要求，同事也没多想就把拖把递给了他。

张栋刚把拖把拿过来，经理便推门而入，正好看到他拿着拖把拖地
的举动。于是，一切不言而喻。

大家突然觉得张栋十分虚伪，不愿再跟他交往。

自我表现是人类的一种本性。就像百灵鸟喜欢炫耀清脆的声音一样，人
类喜欢表现自己是很正常的行为。但是不分场合地表现自己就会让人觉得虚
伪、做作，引起其他同事的反感，最终往往事与愿违。很多人在谈话的时候
不管是否以自己为中心，老是爱表现自己，这种人会让人觉得轻浮、傲慢，
最终让别人产生排斥感和不快情绪。

在和别人交往的过程中，每个人都希望得到别人的尊重和赞赏。法国一
位叫罗西法古的哲学家曾说过："如果你要得到仇人，就表现得比你的朋友
优越；如果你要得到朋友，就要让你的朋友表现得比你优越。"这是因为，
当你的表现让朋友觉得比你优越时，他们就会有一种得到肯定的感觉。当你

表现得比别人优秀时，很多人就会反感，甚至产生敌对情绪。因为每个人都会在无意识的情况下本能地维护自己的尊严和形象，如果有人让他感觉到自卑，那么无形之中他就会对那个人产生一种排斥心理，严重时会产生敌意。

在职场中，即便你真的比你的同事强，在心理上你也要给他们应有的尊重，学会与他们相处，这样同事也就不会对你产生反感，就会慢慢认可你的能力。同时，你还要懂得适当暴露自己的劣势，减轻嫉妒者的心理压力，从而淡化危机。

李静是刚从大学毕业进入中学的新教师，对最新的教育理论颇有研究，讲课也形象生动，寓教于乐，很受学生欢迎，引起了一些任教多年却缺乏这方面研究的老教师的嫉妒。为了改变现状，李静故意在同事面前放低自己的姿态，并且很谦虚向其他老师学习。

李静放低姿态后，有效地拉近了自己和其他老师的距离，也就消除了他们对她的敌视心态。

平易近人、低调谦和的人总能结交许多好朋友，而那些自私自大、自以为是的人，在交往中会到处碰壁，让人反感，令人讨厌。

职场中往往会有这样一些人，他们十分机智，有很强的工作能力，但是他们锋芒太露，让别人敬而远之。他们太喜欢表现自己了，总想让所有人知道他们比别人强，以为这样才能获得他人的敬佩和认可，其实结果只能让同事们讨厌、反感。

做人要学会低调，要学会谦虚。越是谦逊的人，别人越是喜欢和这种人在一起相处，最后发现其优点；越是孤傲自大的人，别人越会瞧不起他，喜欢找出他的缺点。因此我们平时一定要学会谦逊待人，这样才会得到别人的支持，为我们的事业成功奠定基础。当我们以谦逊的态度来表达自己的观点或做事时，就能减少一些冲突，还容易被他人接受。即使我们发现自己有错，也很少会出现难堪的局面。

不管怎么说，作为职场新人，刚刚踏入公司，一定要学会低调做人。即使你的才华再出众，即使你的学校再大牌，也不要在同事面前表现出高人一等的姿态来。你可以表现自己，但是不要太过高调，要保持谦虚的态度。只有这样，你才能在既出色地完成工作的前提下又得到大家的赞赏。

# 主动向领导汇报，让他看到你是多么努力

在工作中，领导不可能面面俱到，清楚了解每个人的工作进展情况。你要想让上司对你刮目相看，可以主动向上司汇报自己的工作进度，这样一来，上司既会看到你的努力，也会为你对他的尊重而感到高兴，会觉得你是一个上进的人。

很多员工只知道一味地苦干，每天兢兢业业，本以为自己做出的成绩能被领导注意到，没想到领导却还怀疑自己是不是真的在努力工作。有什么奖励、功劳也都被其他会邀功的同事抢了先机，使得自己非常委屈。如果我们能注意在工作的时候多向领导汇报自己的工作进度，就能让领导清楚地了解我们的努力和付出，还会欣赏我们的勤奋能干。

钟瑞珊和张慧颖同时进入一家公司，经过半年的培训学习，两个人进入了同一个小组。

过了一段时间，组长交给她们每个人一项任务，让她们在一个月的时间内独立完成不同的策划案。

钟瑞珊接到任务后想："这可是一次表现的机会，我一定要加把劲努力完成。"然后她就摆出了拼命三郎的架势，卖力工作，力求把任务完成得尽善尽美。过了十天，组长过来询问钟瑞珊："怎么样？进行得顺利吗？"她说："很顺利，一切正常！"其实她正处于一个瓶颈期，并不顺利。

　　而张慧颖接到任务后，第一件事就是询问组长："组长，这个任务要求达到什么样的水平，有什么标准吗？"组长随即详细地将一些标准和注意事项交代给了张慧颖。刚开始，张慧颖每隔三天就去向组长汇报一下自己的进度，并询问自己完成的部分是否有需要修改和调整的地方。过了半个月，张慧颖已经顺利地上了手，但仍旧每周向组长汇报一下自己的工作进度和出现的问题。

　　一个月以后，钟瑞珊和张慧颖两个人同时拿出了一份策划案。组长认真地看了一下，钟瑞珊的策划案内容虽然丰富，但是有些杂乱，还有好几处明显的错误；而张慧颖的策划案清晰简明同时内容完整充实，是一份非常成熟的策划案。在小组会上，组长表扬了张慧颖，说张慧颖的任务比较难却仍旧按时按量完成了，对钟瑞珊则简单地提了几句，让她以后在工作中再细心一些。钟瑞珊心里很委屈："我到底哪里做得不好？"

　　在每一位上司的心中，对自己的下属多多少少都会有这样的疑虑：手下的员工每天好像都很忙，但又不知道他们在忙些什么，直接开口去问好像又显得不够信任他们。所以，很多领导要么以为员工偷懒，要么以为员工的任务太过简单。作为下属，最妥善的做法就是主动向上司报告自己的工作进度，让上司放心，不要等事情做完了或上司询问时再讲。

　　此外，主动向领导汇报的做法是一种规避错误的最佳方法。有时我们在工作中不自觉地会产生一些小小的错误，如果没有及时发现，发展到后来就会变得无法收拾。早早地向上司汇报你的工作进度，一旦有错误，上司可以及时地指出来，避免你在今后的工作中发生更大的错误。

　　魏晓曼在公司里已经两年了，因为自己的顶头上司管理的区域太大，工作太繁忙，她几乎没有机会受到上司的指导。魏晓曼想，与其坐等，不如主动出击。她决心制造机会和自己的上司就工作的问题谈一谈。

一天，公司开完阶段会议后，同事们纷纷离开了公司，只有魏晓曼留下加班。借着去茶水间冲咖啡的机会，魏晓曼遇到了自己的上司王主管。魏晓曼赶忙打招呼："王主管，您怎么还没有下班？"

王主管看见是魏晓曼，虽然是自己的直接手下，但是因为人员众多、事务繁杂，他对魏晓曼并不熟悉。王主管笑着打了个招呼："小魏啊！你怎么也没下班？"魏晓曼说："哦，我整理完今天的会议笔记就走。对了王主管，我有件事想问问您，就耽误您几分钟可以吗？"

王主管也没有推辞，魏晓曼飞速跑回自己的办公桌，拿起近期正在做的一份报表就去找王主管："王主管，这是上个月您交给我的工作任务。我已经进行了60%了，您看看有什么问题吗？"

王主管认真地看了看魏晓曼的报表，非常欣慰："做得不错！我最近没有顾得上你，没想到你的效率这么高！看来你能够胜任更难的工作了。怎么样，做完这个，有没有勇气接难的任务？"

魏晓曼早就想有个提高的机会，自然赶紧表态说自己经得起挑战。此后，魏晓曼逐渐受到了王主管的重用，成了王主管最得力的几个手下之一。

员工在向上司汇报自己的工作情况时，可以对自己的工作提出一些改进的意见，然后征求上司的首肯，上司会觉得你是一个有责任心又肯动脑子钻研的员工。主动汇报自己的工作情况还能让上司对你的情况更加了解，当他看到你的才干之后，也会更加器重你。

主动向领导汇报工作，一部分原因是为了让领导看到我们的努力，默默无闻地辛勤付出已经不适合现代的职场规则；同时，主动汇报更能让领导感到我们对他的重视。每一位领导都是需要存在感的，当我们什么工作都需要领导来询问时，可想而知他对我们会是什么看法。

# 老板的事情，还轮不到你来做主

无论任何时候，尤其是大学毕业刚入职的时候，你都不要擅自替老板做主，除非老板授予了你这个权力，否则你就是越权行事，这不仅是不尊重老板，更会让老板对你产生反感。

作为职场中人，你要明白"该说的时候才能说，该做的时候才能做"。假若在不该说的时候乱发表意见，不该做主的时候擅自做主，老板会对你的这种行为感到非常厌烦。这往往也是职场新人常犯的毛病。作为职场新人你更应该知道，不管你帮老板处理了多少事情，也不管老板多么糊涂，甚至到了依赖你的程度，他还是你的老板，事情最终还是由他来决定的。你得给他面子，因为出了错是要由他负责的。

一家杂志社为一个作家做了一期专访，杂志出来后，作家收到一本。他想多要几本送给自己的朋友，于是给杂志社的主编打电话，没人接听。他又给这家杂志社打电话，杂志社里的一个女员工接听了电话。"麻烦你转告一下主编，这期杂志我想多要几本。"

"原来是这样啊，没问题！您直接派人过来拿就成。"女员工非常爽快地答应了作家的请求。这位作家在驱车赶往杂志社的途中接到了主编的电话："非常抱歉！我刚才有事出去了，不在杂志社，您收到这期杂志了吧？不够的话，我再派人多送几本到您那里。"

"不用你劳心了，你单位的人已让我现在去取了。"这位作家回答道。主编稍微停了一下，他问道："噢，是这样的，您能告诉我是哪位员工让您现在来取？"作家很纳闷，问道："难道这有什么不妥吗？"

"当然没问题，您要几本都可以，我只是想知道，是谁自作主

113

张的。"

　　当这位主编知道是哪位员工帮自己做了主张以后，结果不难想象，那位擅自替主编做主张的员工免不了受到主编的一番责备，而且她在主编心目中的印象肯定会大打折扣。既然是客户点名要你转告主编的，作为下属你就应该去执行，而不是替主编擅自做主，这是越权的行为，也是主编最为反感的行为。因为你不给主编面子，是对他权威的挑战，主编能不对你发火吗？

　　作为下属你就应该明白上司就是上司，下属千万不要自作聪明，真正聪明的下属懂得什么事情不该做、什么事情该做。

　　"不好了！不好了！"刚接完电话的张经理大声叫了起来，"那家便宜点的公司的产品根本不合规格，还是张老板公司的好。"他狠狠地捶了一下桌子："可是，当初我为什么那么糊涂呢？还写信把他臭骂了一顿，说他是个骗子，这下可麻烦了！"

　　"谁说不是啊！"女秘书转身站起来，"我那个时候不是说过，遇事一定要冷静，然后再写信，可是您不听啊！"

　　"都怪我当时气昏了头，以为我上了这小子的当，难怪别人的产品那么便宜？谁知道是不合格产品。"张经理来回踱着步子，指了指电话："把张经理的电话告诉我，我亲自打过去道歉！"

　　女秘书却笑了起来，她悄悄告诉张经理："不用打！实话告诉您，您的那封信我根本就没寄。"

　　"没寄？"张经理大吃一惊。

　　"对！"女秘书自鸣得意地说。

　　"嗯……"张经理坐在沙发上，如释重负，停了半晌，又突然抬头问："可我当时不是叫你立刻发出的吗？"

　　"是的。但是我猜到您事后会后悔，所以把这封信压了下来。"女秘书对自己的小聪明很是感到自豪。

　　"压了三个星期了？""对！这是您没意料到的吧？"

"我是没意料到。"张经理却低下头，开始翻记录日程安排的记事本。"但是，我让你办的事情，你怎么能瞒着我不办呢？是不是最近发往美国的那几封信也被你悄悄压了？"

"这我可没做啊，"女秘书听到这里更扬扬自得了，"我做事有分寸，知道什么该做，什么……"

"还反了你了，这里到底谁是经理？"张经理立刻从沙发上站起来，厉声问道。这是女秘书没有想到的结果，她当时就流下了眼泪，随后，她委屈地问道："我做错什么了？"

"说你错，你就是错了！"张经理斩钉截铁地说。

作为刚参加工作不久的你或许会认为这位女秘书因为私自压信解救了公司的危机，那位张经理不但不感谢她，反而恩将仇报。假若你的心里是这样想的，说明你还不熟悉职场中的游戏规则。身在职场，身为一个下属要做的第一件事就是要服从，这是十分重要的。

这个女秘书瞒着张经理擅自将信压了三周，她的这种做法就是一种越权行为，就是对经理权威的挑战。让这样"暗箱作业"的人做事谁能放心呢？要知道经理毕竟是经理，事情是好是坏都是他说了算的。

身在职场，老板的权威是不可挑战的。如果一个员工，而且是新进入职场的员工，擅自帮老板做主，会让老板觉得他不懂职场礼仪、更不懂职场规矩，而且也是在挑战老板的权威。试想，哪个老板会喜欢这样的员工呢？因此，进入职场，与领导沟通时，切忌不可越位，不可挑战领导的权威，要给予领导足够的尊重。

有些时候，员工擅作主张带来的后果虽说并不是负面的，但是，擅做主张是上司最反感的行为。其实让上司不满的不在于他这样做的后果是否让公司蒙受了损失。一般来说，这种损失是十分微小的。真正让上司动怒的原因是下属越权的行为以及下属对上司权威的挑战。上司往往会把下属的这种擅作主张的行为与下属对自己的态度联系起来，最后认定这种做法不仅是对自己的无视，也是下属在工作经验与能力方面的欠缺、办事不稳重的表现。这样一来，下属或许无意中的一次越权行为，就会造成上司在以后的工作中对下属不信任和不支持。这种不信任也不是一天两天就能改变的，对下属前途的影响是可想而知的。

所以，作为职场中人有什么问题尽量和你的上司去沟通，千万不要随便为你的顶头上司做决定。

# 即使领导有误，也不应该与其正面交锋

当你和上司的意见出现了分歧，又迫于上司的压力，总有些话如鲠在喉，那么你该怎么办呢？切记不可有话直说，聪明的员工是这样做的：

看清领导的性情，选择适当的时机。一般说来，那些在日常生活中比较情绪化的上司通常都比较爱面子，因此要尽量避免在公开场合反对性地正面交锋，可以采取书面报告、汇报工作、单独谈话等方式，将自己的建议比较和缓地表达出来，这才是最佳的选择。

由策划总监李军带队的小组就新品推广制定出了一套较为缜密的执行方案后，开始向下属们公开征集改良建议。

新人安安很想针对其中的一些细节发表自己的不同看法，但是周围人都劝："不要质疑领导的主张。""领导说啥就是啥！"难道自己果真只有做哑巴才行吗？安安不甘心，觉得有意见就要提，哪有不说的道理，于是当场指出了这个方案的不足之处，并自认为可以借此消除在同事中略显平庸的形象。然而总监李军并不买账，最终虽然采取了安安的建议，但心里却对这个年轻人有了看法。

即使你用心良苦，但是过于直白的纠错言辞仍会使上司在拼命维护自尊心的情形下难以关注问题本身。因此，如果你想借机摆脱平庸、脱颖而出，那么主动向上司开口的技巧就非常重要。应该尽量选择没有第三者出现的场合，单独向上司表达看法，而且一定不要专程纠错，务必选择汇报工作、讨论方案等时机酌情"下手"，言辞方面也要事先帮上司找好台阶。

很多员工心直口快，不懂得遮掩和委婉，领导犯了错误，就当众毫不留情地指出，让领导觉得很没有面子；还有一些员工，说话太过尖锐，领导虽然明白是自己的错.但是心里会非常不舒服。忠言就像良药，往往会让人觉得苦涩，那么我们何不在良药外面裹上一层糖衣，让听的人容易接受呢？

张芳走进上司的办公室，向上司汇报自己的产品推广策划意见，上司看了看张芳交上来的材料，对张芳说："这份陶制餐具的宣传推广策划非常好，我决定了，这个周末就在周边的小区进行宣传活动！"

张芳一听，这么重要的产品推广宣传，连市场调研都还没开始进行，就急着搬上日程，上司也太自以为是了。急性子的张芳马上提出了反对意见："部长，你的决定太草率了，我们不是应该先做调研，然后再决定如何进行宣传推广吗？"

上司瞪着眼："什么？草率？做事情就得抓住机遇，等你把调研结果拿出来，说不定别的品牌已经宣传完了，把顾客都吸引过去了！小张啊，做事不能太畏首畏尾。"张芳挨了一顿训，闷闷不乐地离开了上司的办公室。

过了两天，张芳的上司宣布，对于新研发的陶制餐具先进行市场调研，再根据情况进行产品宣传，并且把这项原本由张芳负责的项目全部交给了邓晓蕾。

邓晓蕾其实和张芳的观点是一样的，但是她并没有直接指出上司的不足之处，而是私下里提醒上司道："部长，您一贯果断有魄力，我真是应该向您学习，不过，咱们这种新型的陶瓷厨房刀具造型精美，价格也比较贵，属于高档餐具，而周边小区的住户大多是工薪阶层，我担心咱们搭上了时间金钱却白费力气。您觉得呢？"

上司觉得邓晓蕾说得很有道理，不但对邓晓蕾赞赏有加，说她考虑事情仔细周全，还将这个项目从调研到宣传全权交给了她处理。

领导也不是无所不能的，在工作中出现一些纰漏或失误也很正常。当下属面对这种情况，有的人会抓住问题不放，直截了当地点明领导所犯的错误。这样的批评就像一把双刃剑一样，一方面解决了问题，指出了错误，另一方面却让领导非常不舒服，或许会让下属的加薪和升职遥遥无期，甚至丢掉饭碗。

领导也是平凡人，并不一定能做到宽容大度、不计前嫌。要想职业之路顺畅，就千万不要得罪领导。领导喜欢聪明识趣的下属，说话太过直接的人在职场只会步步难行。要想获得领导的好感和重用，下属在能干之外还要会说。

怎么说才能既进忠言，又让领导欣然接受而不对你产生反感？一定要掌握进忠言的说话技巧。批评的话，要学会给领导留面子；提意见的话，最好说得像建议；反对的话，要委婉地说。只有这样，领导才更为赏识你、重用你，你才不会遭遇职场"雪藏"。

聪明的下属不会说让领导损失颜面的话，会用委婉的语气让领导意识到自己的错误，还会为领导找个台阶下，可谓是一箭双雕。比如，在指出领导对某一项工作内容考虑不够周全或者出了什么差错的时候，聪明的下属不会急着指出领导的错误，而是有选择性地说一些赞美领导的话，然后再从中引导领导认识到自己的疏忽，这样领导就不会觉得丢面子，还会对下属的意见欣然采纳。

在职场中，要想做一个有责任心的职员，面对领导的疏忽和失误，一定不能视而不见，要有勇气向领导提意见。但如何提意见，却是一门很深的学问。直言以对固然是一种勇气的体现，但这样做却会让领导对你产生不好的印象，还会影响你的职业发展。因此，要懂得婉转地表达，给你的领导一个台阶，既让他知道自己的方案也许有失误，又不伤害他的面子。

# 第七章　管理是个技术活，
## 没你想象得那么容易

# 管理者不是"管家婆"，权力要懂得放下去

每个人都有自己的岗位，都有自己的职责所在。尽管一个称职的管理者必须是一个"万事通"，但是，管理者不是"管家婆"，不能包揽一个企业大大小小的事。聪明的管理者就应该把自己手中的大部分权力分给各级管理人员以及每一个员工，这不仅能让他们有机会发挥自己的优势，而且能为自己省下更多的宝贵时间去做更重要的事情。

在管理实践中，有些管理者总是习惯把自己的重要性无限地扩张，什么事情都要过问，喜欢大小权力一把抓，喜欢大事小事一把抓，让自己忙得不可开交，就像只无头苍蝇一样。

只靠一个或几个管理者是不可能使企业发展壮大的，想要使企业壮大起来，必须依靠所有员工的努力才行，借助他们的才能和智慧，每个人都各尽职责、群策群力才能逐步把企业推向成功，这是一个企业发展的最佳道路。

郑于华是一家私人电脑公司的经理，他喜欢事事都亲力亲为，而不是放权让相关人员去办，因此，他每天都忙得焦头烂额，不仅要应付上百份的文件，还要管理公司的其他大小事情。公司员工经常听到他抱怨说恨自己的手和脑袋不够用，要是再多一个脑袋或是多一双手就能应对更多的工作。后来，他感到自己这样做真的就像疲于奔命一样，于是他想给自己增添一位助手。但他后来又打住了这一念想，他认为增添一位助手只会让自己的办公桌上多一份报告而已。

### 所谓情商高，就是懂交际

　　在郑于华的公司里，人人都知道权力掌握在经理的手里，所以，每天他们都在等着经理下达正式指令。郑于华每天走进办公大楼的时候，就被等在电梯口的职员团团围住，等他走进自己的办公室，已是满头大汗。

　　实际上，郑于华已经成了真正意义上的大事小事一把抓的"管家婆"，而非一个管理者。作为公司的最高负责人，他的职责本应该是有关公司全局的工作，各部门员工本来就各司其职，协助负责，以便留下更多的时间给他做公司的年度规划、人员调动等工作……优秀的管理者，他们懂得举重若轻的工作方式，郑于华则恰恰相反，他把工作做成了举轻若重，他将大量的时间都浪费在一些毫无意义的小事上。这样的管理方式，根本无法带动并且推动公司的发展。

　　有一天，郑于华终于醒悟过来了，他把所有的员工关在电梯、自己的办公室外面，把所有无意义的文件抛出窗外。他把工作做了分工，并告诉员工遇到问题自己拿主意，不要来烦他。对于自己的秘书，他做出了明确规定，所有报告要经过筛选再递交，而且数量不能超过10份。刚开始，员工们都不适应郑于华的这个新规定，因为他们早已经习惯了袖手旁观，而今他们却要自己做出更多的决定，一时间真的是不知所措。

　　这种情况没有持续多久，公司便开始有条不紊地运转起来，各部门员工学会了行使自己的权力，他们的决定是那样及时和准确无误，而且工作的效率也大幅度提高了，以往经常性的加班也没有了。郑于华终于有了读小说的时间、看报的时间、喝咖啡的时间和进健身房的时间，他感到惬意极了。此时此刻，他才像一个真正的管理者。

可见，一个优秀的管理者，绝不会大事小事一把抓，而是懂得适当放权，让相关人员来处理。但是在放权时，管理者要注意以下几点。

1. 因事择人，视德才授权

因事择人，视德才授权是授权的最基本原则，是根据员工的能力分配任务的。利益分配、荣誉照顾这些并不等同于授权，授权的目的是为了把事情做好，因此，一定要选那些品行端正而又具才干的人授之以权。

2. 不可轻易授权

凡是涉及有关组织的全局问题，就像决定组织的目标使命或是人员的升迁和任免等问题，均不可轻易授权。一般应当交给专门的政策研究机构或咨询机构提出决策分析方案，最后由高层管理者直接决策。

3. 及时给予被授权者指导，并对其表示关心和支持

被授权者坚强的后盾就是管理者，管理者应经常给予其指导，让他了解正确行使权力的方法，以此来预防在执行任务时产生错误，并帮助被授权者解决可能会出现的问题。

4. 授权不越级，不授权外之权

逐级管理负责制属于现代管理体制，这种体制具有明显的层次性。所以，千万不要越级授权，而只能逐级进行，行使自己应有的权力，否则就会引起管理制度的混乱。

5. 权责同授，交代明确

授权时，管理者应该明确交代所授事项的责任、权力范围和完成标准给被授权者，让他们清楚自己有多大的权力，怎样行使权力，同时，要让他们知道自己的职责所在。

# 多给下属一些赞美，这是最经济实惠的礼物

有时候调动员工的工作积极性并不需要太多的物质奖励。下属是有感情的高级动物，精神上更需要管理者给予必要的投入，这就是认可和赞美。马克·吐温说："得到一次赞美，我可以多活两个月。"赞美可以充分激发人的热情，是一种有效的管理模式，也是领导聚拢人心的有效手段之一。

美国一所大学的行为科学研究结果表明，肯定他人要比否定他人效果好，肯定一个人可以让他产生更积极的行为。"要想把飞虫逮住，就要多用蜜而不用醋。"管理下属的有效手段就是要常常认可和赞美他们。当然采用惩罚措施也是必要的，但也只能在迫不得已的时候才能用此下策。发现下属值得认可和赞美的地方，就一定要多加认可和赞美，长此以往，谁都愿意在你的领导下干活。

一定要肯定和赞扬那些对工作尽心尽力的员工。薪资固然是重要的，但多数员工认为获得报酬只是一种权利，是他们工作付出的交换。正像一位著名的管理顾问所言："报酬是一种权利，给予肯定则是一件礼物。"

某君有天上班不久，就收到一条陌生人发来的短信："我是××银行营业部主任×××，谢谢您对我们服务工作的赞扬和勉励，您的评价我行领导非常重视，已特发通知号召全体职工向王、赵二人学习，我们将再接再厉进一步提高服务水准，以回报社会各界对我们的支持与厚爱。"

原来，某君曾经发表了一篇文章，文章里表扬了该银行中与自己素

不相识的青年员工王、赵二人，对他们良好的服务态度给予了赞美。本来这是一件小事，可银行领导竟然如此重视这件小事情，倒是令他始料未及。

于是，某君马上回复了这位主任一条短信，感谢他们对这件事的重视。过了一会儿，这位主任又打来电话，将经过详细说明了一遍，并表示总行的领导对此事进行了研究，很快向全行系统发出《关于进一步加强文明优质服务工作的通知》，要求各支行和各部门组织员工阅读和学习这位先生所发表的那篇文章，并号召全行员工向王、赵二人学习，进一步掀起文明优质服务的新高潮。

上例中的故事看似是件不起眼的小事，但若和赞美的价值联系在一起，意义就会有所不同了。凡有自尊心之人，没有不喜欢被别人赞美的，被赞美是一种莫大的幸福。"滴水之恩，当涌泉相报"，实事求是地热情赞美为自己提供优质服务的人，是一种"幸福的义务"。

赞美他人的同时，你也会获得好心情。俗话说"赠人玫瑰，手有余香"，在他人得到你赞美的同时，你的精神世界也得到了升华。当你眼前全都是下属们的笑容，"谢谢"之声不绝于耳时，你领导的团体就能更和谐地发展下去。

许多研究表明，赞扬与肯定下属最能使他们全力以赴地投入工作中，高水平发挥自己的才能，可见赞扬和肯定的作用是巨大的。除拿到应得的薪水之外，员工们更关心他们在工作中所起的作用大不大，他们的努力有没有白费，他们有没有得到领导应有的重视。一声真诚的肯定、赞美之语，既表达了你对下属某种行为或价值的欣赏，也能大大鼓舞下属继续表现出你所赞赏的行为，使这种行为渐渐蔚然成风。这不仅是你工作责任的体现，更是你掌握全局、着眼整个工作环境的能力的表现。领导只有不吝啬自己的赞美、肯定之词，将赞美当礼物送给下属，才能赢得下属们更多的信赖，才能抓住他们的心。

# 你若端起了"官架子"，没人会以你马首是瞻

树立权威不能只靠端架子，把官架子放下来，为人处世低调一点，看似少了些官威，实则是提升了自己的人品，提升了自己的威信。所以作为管理者，应该放下官架子，提升自己的亲和力，和员工打成一片。正所谓："人格无贵贱，人品有高低。"作为老板或管理者一味地把自己看成官的话，要派头、逞威风，实则降低了自己的人品，这样的领导不能服众。

认为自己高高在上的人最容易脱离群众。所谓的"官架子"是用排场来抬高自己的傲慢姿态的。时下很多人以老板自居，一副高高在上的姿态，居高自傲，听不进员工的意见，不关心员工的想法，平时喜欢对下属指手画脚，批评时更是声色俱厉，缺少谦和的态度。这些老板是否了解，他们的"谱"摆得越大，员工就越是对他们感到反感。长此以往，不仅不利于各项工作的开展，也会让员工和管理者的矛盾越来越深。

其实，当个好老板的秘诀，不在于"官谱"摆得大不大，而在于是否具有亲和力，是否得到了员工的认可和信赖，能不能让员工真正地信服和敬仰。那些喜欢摆"官谱"的老板，员工对他们总是"敬"而远之的。所以，做老板的一定要放低姿态，只有这样才能换取员工对自己的忠心。

实践证明，具有亲和力的老板最讨人喜欢，更容易受到员工的敬仰和尊重。他们不端"官架子"，常常"忘掉"自己的身份，和员工打成一片。他们的亲和力慢慢化为了影响力，让员工死心塌地地跟着自己，为自己做事。

美国女企业家玫琳凯在长期的管理实践中发现，管理者和员工相处，最重要的一点就是要放下官架子，以平等、关爱的态度对待他们，大家像朋友一样相处。这样，员工会以更杰出的工作业绩回报上级。

玫琳凯认为关心员工与公司赚钱这二者并不矛盾。她说："的确，我们以赚钱为主，不过赚钱并不代表高于一切。在我看来，P与L的意义不仅仅是盈亏关系，它还意味着人与爱。"

玫琳凯不单单在工作、生活和相互交往上表现出对员工的这种关心与爱护，更在对员工错误的善意批评上表现出这种关心与爱护。玫琳凯说："我认为，经常批评人的做法并不妥当。不是说不应当提出批评。有时，管理者必须明确表达出对某事的不满，但是一定要明确错在何处，而不是错在何人。如果有人做错事时经理不表明态度，那么这个管理者也确实过于'厚道'了；不过，经理在提出批评时，千万不要摆出盛气凌人的'官架子'，否则结果就可能会适得其反了。"

玫琳凯还认为，一个管理者应当做到当某人出错时，既指出错误，又能保护员工的自尊心。她说："每当有人走进我的办公室，我总是创造出一种易于交换意见的气氛。这一点很重要，只要我越过有形屏障——办公桌，那么创造这种气氛则易如反掌。我的办公桌象征着权力，它向坐在一旁的来人表明，我有权指使他应该如何如何。所以我总是越过那个有形的屏障，以朋友和同事而不是以领导者的身份与人交谈。因此，我们同坐在一张舒适的沙发上，在比较轻松的氛围中研究工作、解决问题。有时我还同来人握手拥抱，这样做能使坚冰消融，能使对方无拘无束。"

在谈到与员工相处时，玫琳凯说："我认为，老板同自己的员工保持亲密的关系是正确的，相反如果老板同自己的员工总是保持雇主与雇员的关系，那则是反常的。后者无助于最大限度地提高生产率，还会起到坏的作用。

"当然，这并不是要求管理者一味地放低身段，凡事都有度，有时候也必须强硬和直言不讳。如果某人的工作总是不能让人满意，你必须表明自己的看法，绝不能绕过这个问题。不过你必须保持既要关心又要严格的表达方式。换句话说，你必须既起到管理的监督作用，必要时能够采取严格的行动，同时又必须对该员工表示你的爱和同情。如此才能使他们愿意接近你。"

工作中，玫琳凯就从不摆"官架子"，更不会随意地呵斥员工，在许多雇员眼里，她就像是慈母一样。他们认为，玫琳凯是十分关心他们的人，他们对她非常信任。甚至她的雇员会对她说："我妈去世好几年了，我现在就把你当作妈妈……"每当听到这种话，玫琳凯就感到十分光荣和自豪。


是的，谁会喜欢一个整天板着脸的老板呢？如果你完全可以做到让员工喜欢你，那为什么不去做呢？最简单的方法就是因人而表现出你对他们的热情方式。你会发现：跟一种人打交道，最好的方式是握手；但跟另外一种人打交道，最好的方式则是拍拍背。我们都看见过大夫对卧床的病人表示关心、同病人握手的情景。同样，管理者也应在沙发旁边对来人表示关心。还有一点，就是你要把这些看作感情的自然流露，做的时候要轻松、自然，否则会有做作的嫌疑。那样不仅不会拉近你和员工的距离，反而会让员工反感，感到你这个人很虚伪，以致更加远离你。因此，作为老板或者不同阶层的管理者都应走上前去，放下架子真诚地同来人握手、拥抱。这是管理人的一个绝招。

如果一个老板在下属面前处处"打官腔""摆官谱"，那么他离"孤家寡人"的日子也就不远了，因为大家都讨厌这样的人。

一个企业就像船一样，员工好似水一样，水能载舟，亦能覆舟。老板纵然是船的主人，但如果没有员工的努力，船也不会安然前行，所以即便你是"官"，是老板，和员工的区别也只是分工的不同，何不放下你的"官架子"，与员工一起战斗呢？

## 管人最重要的是"攻心"，明白员工的需求是什么

《财富》杂志曾对工作环境比较好的100家公司的雇员进行了一次调查，发现员工们自发工作的理由千奇百怪，如先进的技术、激动人心的工作、在同一公司变换职位的机会、执行有挑战性的海外任务、在公司内部提升的前景、工作时间灵活并且有非常优厚的福利等。但让人感到意外的是，很少有人提到"钱"这个因素。

其实，在我们身边就有这样一些不惜辞掉高薪工作的人，转而跳槽到工资较低的公司去工作。为此，有关研究人员曾针对150个高级职员进行调查，调查结果显示，41%的人是因为晋升的机会有限而选择跳槽；25%的人选择跳槽是因为没有得到应有的赏识；只有15%的人是因为钱的因素，由此看来，现在的员工越来越重视自身能力的发挥。

员工注重个人能力的提高，他们不愿意重复没有挑战性的工作。不要只想着你和员工之间只存在雇佣关系，那样的话，员工的积极性将无法得到充分调动，你的企业也不会发展壮大，更别谈激发员工的潜能了。如果你把企业和员工两者的关系当成互惠互利的结合体，那情况就大不一样了。企业作为员工施展自己才能的平台，理应给予员工最大的信任和支持，当员工在工

作中充分发挥才能的时候，也就是企业将要腾飞的时刻。

　　在康柏公司，当员工准备转投其他公司的时候，公司不会为了挽留而开出加薪的条件，因为他们知道金钱并不能真正唤回员工对工作的渴望和热爱。同样，有人在参加康柏公司的招聘时，招聘者会问他们"希望公司能给你什么"，康柏想告诉这些人：你们在康柏不仅仅得到的是钱，前途和发展才是康柏给你们的最大的财富，这些"隐性利益"也正是员工所想的。"隐性利益"就像职业发展的"利息"一样，这个"利息"比薪资更具价值，更能激发员工为企业创造价值的愿望。

　　如果我们把一个组织看作一个由个人组成的社会团体，团体里的人都互相信赖，都能畅所欲言，都能有机会发展，那么，管理者就是这种社团文化的设计者，他有责任创造这种氛围，并让这种文化得以不断地完善和发展。

　　优秀的管理者知道员工需要的是什么。戴尔认为，把公司的经营目标与员工的补助与奖金相结合，显然是一个对他们有很大鼓舞效果的方法。但更重要的是，必须想方设法把"发展前景"的观念灌输给员工，并进一步提升他们的才能，使他们发挥自身的全部潜力。为此，就要提高员工不断学习的意愿和能力。

　　平日，戴尔通常提出各种问题来引导员工进行独立思考和学习，包括：如何才能让你在戴尔公司的工作变得更轻松、更有意义、更成功？如何了解顾客的喜好？什么是他们所需要的？他们希望看到我们什么样的进步？我们要如何改进？戴尔公司提出大量的问题供员工探讨，并且非常认真地聆听他们的意见。戴尔公司不管是在营运检讨、业务现状报告或小组讨论等会议上，都鼓励员工提问题。员工提出的议题，在现在看来是非常具有意义的。戴尔公司鼓励员工发挥好奇心，因为，没有任何一本操作手册可以提供给你最满意的答案。

在戴尔公司，员工通过主动积极地思考、分析，在潜意识中已将自己当成了公司的主人翁，所有的付出都是自动自发、心甘情愿的。

可见，真正意义上的人才，注重的是自己的成长，自己的能力能否不断提高，自己是否有成长的机会，以及自己的发展空间是否与企业经营理念紧密相关，即对企业的认同感。我们要想留住真正的人才，让其得到发展的空间，就得靠事业来"攻心"。我们可以把留住人才比喻成一项系统工程，这一工程贯穿于企业内部工作安排、内部晋升、员工培训、参与管理及职业发展计划等过程中。

如同"授人以鱼，不如授人以渔"的道理一样简单，每个人都渴望进步，没有什么比心理上的成就感更令人欢欣鼓舞的了。所以，让员工将企业提供给他的那份工作当作自己的事业，他必能自动自发地工作，最终的结果将是双赢。

## 要用一个人的长处，更要容得下他的短处

著名管理学大师德鲁克说过："有效的管理者在用人所长的同时，必须容忍人之所短。"公司新进员工通常都是满腔热血、干劲十足的人，即便不太了解状况，也会针对自己一知半解的了解提出各种各样的意见，这些意见很多都是不合实际的。作为管理者，即使知道他们好心提出的意见是错误的，当时也最好不要直接指出来，可以以后再寻找机会婉转地让他们明白真

相。新员工的积极性受到挫伤，以后他们再也不敢提出意见，没有了创新的胆量，就丧失其新鲜血液的作用了。

优秀的管理者是不会扼杀新员工的积极性的，因为那是企业赖以发展的原动力。所以，在员工犯错的情况下，管理者千万不要一味地责怪。每个人都需要鼓励，有鼓励才能产生动力和改正的决心，所以管理者应该以宽容的态度来对待新员工。

俗话说："水至清则无鱼，人至察则无徒。"从道德上讲，为人必须清正廉洁，但过分要求，就变得刻板，不能对人持宽容厚道之心，也就不能容人，也就不能用人，不能得人之心。这是企业管理者培养忠诚下属不可忽视的重要细节。

人无完人，金无足赤。古往今来，大凡有见识、有能力，成就一番事业的人，往往有着与众不同的个性和特点。他们不仅优点突出，而且缺点也明显。管理者如果在用人方面过于求全责备，就会显得不通情理。一个下属乐意追随的领导往往都是有容人之量的。俗话说："宰相肚里能行船。"如果领导没有容人之量，就会让员工觉得难以相处，愿意跟随他、与他共事的员工会越来越少，最终他难成大事。

看人要深，处人要浅；看人要清楚，处人要糊涂。看人深，看得清楚，处人浅，处人糊涂一些，这就要求管理者把握住大的原则，不纠缠于小节，对员工的小缺点要宽容，对员工个人性格的独特方面要给予理解。特别是那些有独特才能的员工，其性格特点也比较明显，要用这样的人，宽容、理解就是非常必要的。无宽容之心、理解之情，自然无法赢得这些人的追随，让他们尽情发挥作用，就显得很困难了。

为什么有些领导在看待自己下属的时候，常横挑鼻子竖挑眼呢？其中的原因很复杂，主要在于他不能辩证地分析看待下属的优点和缺点、长处和短处。

美国南北内战期间，当林肯总统任命格兰特将军为总司令之后，有一次，一位禁酒委员会的成员访问林肯，要求他将格兰特将军免职。林肯吃了一惊，问："原因何在？""哦，"该委员会发言人说，"因为他喝威士忌喝得太多了。""那好吧，"林肯说："请你们谁来告诉我，格兰特喝威士忌的哪种牌子？我想给我的其他将军每人送一桶去。"

酗酒可能误大事，身为总统的林肯肯定知道，但是他更清楚，在诸将领中，只有格兰特能够运筹帷幄，是决胜千里的帅才。"我不能没有这个人，他能征善战。"后来的事实证明格兰特将军的受命正是南北战争的转折点，格兰特打败了北部军队总司令罗伯特。

曾担任过马歇尔将军顾问的德鲁克回忆道："第二次世界大战期间，经马歇尔将军提拔而后来升为将官的人选，在当时几乎都是籍籍无名的年轻军官，欧洲盟军统帅艾森豪威尔将军也是其中之一。由于马歇尔将军用人得当，为美国培养了一大批有史以来最能干的将领。经他提拔的将领，几乎无人失败，即使勉强算是二流人才，也只有很少几位，这真是美国军事教育史上最辉煌的一页。"

如果马歇尔将军在提拔将领的时候只关注年轻军官们的缺点，或者只关注他们的优点，但是又不能容忍他们的缺点，那么相信这些年轻军官永远也没有为国家建功立业的机会，因为谁都会有缺点。

唐代大文学家韩愈也说过，古代的有能之人，要求自己严格而全面，对待别人则宽容而简约。对己严格而全面，所以才不懈怠懒散；对别人宽容而简约，所以别人乐于为善，乐于进取……现在的人却不这样，他们对待别人时总是说："某人虽有某方面的能力，但为人不足称道；某人虽长于干什么事，但也没有什么价值。"抓住人家的一个缺点，就不管他有几个优点；追究他的过去，不考虑他的现在。提心吊胆，生怕别人得到了好名声，这岂不是对人太苛刻了吗？

对待别人苛刻，最终会落得个孤家寡人、众叛亲离的下场。春秋五霸之一的齐桓公就说过，金属过于刚硬就容易脆折，皮革过于刚硬则容易断裂。为人主的过于刚硬则会导致国家灭亡，为人臣的过于刚强则会没有朋友，过于强硬就不容易和谐，不和谐就不能用人，人亦不为其所用。

综观历史上那些深得人心的管理者，都深抱宽容之心，有纳天下之度，处人用人，该糊涂处糊涂，该清醒处清醒。管理者要想赢得下属的追随和效忠，就应当有容人之量，不以完美要求员工。这样不仅有助于相互间取长补短，更能有效发挥出下属的优点。松下电器总裁松下先生也是在用人方面注重扬长避短的榜样。

中田原来是松下公司下属的一个电器厂的厂长。一次，副总裁对前去视察的松下幸之助说："中田这个人没用，尽发牢骚，我们这儿的工作，他一样也看不上眼，而且尽讲些怪话。"

松下觉得像中田这样的人，只要给他换个合适的环境，采取适当的使用方式，爱发牢骚、爱挑剔的毛病很可能变成敢于坚持原则、勇于创新的优点，于是他当场就向这位管理者表示，愿让中田进松下公司。中田进入松下公司后，在松下幸之助的任用下，果然将弱点变成了优点，短处转化为长处，表现出惊人的创造力，成为松下公司中出类拔萃的人才。

由此可见，对他人、对下属，即使是对毛病很多的人，管理者首先要看到他们的长处，才能把他们的才干充分利用起来。

世界上没有十全十美的人，每个人都有缺点和优点，我们选用一个人，主要是使他发挥自己的优点，至于他的缺点，只要不影响工作、不影响别人发挥积极性，就不应要求过严。管理者在选拔人才时，要全面分析、辩证看人，这样才能做到人尽其才。管理者要将注意力集中到人的长处上，而一些小缺陷则可以忽略不计，除非这些缺陷会影响他现有长处的发挥。

## 温暖了人心，员工才会把企业当成家

大多数企业管理者都有过这样经历：偶尔，你的一个微笑、一句赞扬的话语、一个体贴的问候能够让员工变得有激情起来，从而会努力地将自己的工作做好。这是为什么呢？因为在那一个看似不起眼的微笑、体恤与赞扬中，受表扬的人感觉到了自己工作的价值，以及自己在企业当中的重要性，他们觉得自己的付出不是用劳动价值去交易薪水那么简单，而是像在为自己工作一样。管理者对于员工的任何一个奖赏，不论大小都能够让员工感受到肯定性的激励。

作为企业的管理者，你不能仅仅将自己定位在一个管理角色的层面上，你应该是一个团队的核心，是一名让所有人都信服的领导者。而要做到这些，你就千万不能吝啬你对员工的关怀与奖赏。因为在一个企业当中，任何一个管理者都不能只将眼光放在员工的工作上，而应该将眼光盯在员工和企业的长远发展上。管理者的关怀与奖赏会让员工获得一种认同感，而这种认同感能够激发员工的工作热情，使得他们能够将工作做好，从而有效减少工作中的各种失误。

相信大家都知道一位管理学博士——劳伦斯·彼得。彼得教授曾经对很多企业管理者做过采访，研究他们成功的经验。其中，有一位叫安琪拉的就是一位很成功的企业管理者，也是一个非常有魅力的女人。安琪拉的下属以及见过她的人，对她的最大印象就是：安琪拉是一位非常会表扬人的企业管理者。

安琪拉从进入社会之后一直在索菲尔服饰公司工作，一开始她只是一名小裁缝，月薪只有2000多美元。但是，安琪拉在进入公司不到半年，就成了一个月薪接近6000美元的主管。要知道，安琪拉只是从华盛顿的一所技校毕业而已，她没有丰富的管理知识，也没有丰富的管理经验，那么她是如何成为主管的呢？答案就是，她是一个能够让身边的同事释放出更多积极性的人，公司给她的升职评价上写着：安琪拉有着不错的激励能力，她能够让身边的人变得更好，这是她得到提升的主要因素。其实，安琪拉并没有做什么特殊的工作，她只不过经常对身边的每一个人发出赞美，并告诉她们自己有多么喜欢她们剪裁出的样式、缝好的袖子罢了……可以说，安琪拉的赞美让她周围的同事都产生了一种愉悦感，因此，她们在工作的过程当中都心情愉悦，愿意将自己的工作做好，以期得到更多的赞美。所以，安琪拉所在部门的工作效率得到大幅度提升，而她也被提升为拥有高薪水的主管。

在安琪拉成为主管之后，她并没有想到去改变自己，因为她清楚地知道自己该怎么做——继续保持自己的风格，将自己的成功之道坚持下去就能够保持辉煌。所以在此后的管理生涯中，安琪拉从来都不吝啬自己的赞美之词，几乎所有的员工都能够从她那里得到表扬，得到一种来自集体的认同感，而安琪拉的管理也一直都卓有成效。年仅36岁的安琪拉已经由最初的小主管成了公司的副总裁——因为企业需要她的奖励式管理，而她管理的企业也已经成为一个总资产接近十亿美元的大型企业。

彼得教授对于安琪拉的评价是：她是一个懂得褒奖的企业管理者，所以她是一名成功的企业管理者。从安琪拉的身上我们可以看出褒奖所发挥出的巨大威力。那么我们换个角度想一下，如果安琪拉是一个吝啬赞美之词的人，她能够获得现如今的成就吗？也许可以，但是她的成功之路绝对不会这么平坦，她管理的企业也不会获得如此之快的发展。

现如今，大多数企业都讲求人性化管理，而奖赏这一管理手段已经成为人性化管理的一部分，因此很多的企业管理者都希望自己能够很好地掌握这一手段。可是，这一手段不是很好掌握的，因为管理者很难把握一个"度"的问题：奖励过低，员工并不认可，奖励了也是白奖励；奖励过高，员工会产生骄傲、不服管的情绪，从而会给接下来的管理工作带来一定的困难。那么如何做到公正地奖励，做到能够温暖人心呢？下面三条意见可以供大家参考。

1. 奖励也要按"需"奖励

世界上没有完全相同的东西，也没有需求完全相同的人。所以企业管理者应该明白：每一个员工都是有着不同需求的人，他们所要的奖励也都是不一样的。

企业战略研究理论家迈克尔·波特说过："当你不知道如何让自己的员工发挥其各自的长处之时，你可以让他们自己选择自己的工作。"可以说，让员工自己选择是企业管理者了解员工需求的关键，也是极为有效的方法。

2. 奖励要用心，不要随意

很多的企业管理者都认为奖励越多，员工工作的积极性越容易被激发出来。其实不然，给予员工的奖励就像政府调控物价一样，让物价上涨起来很容易，但是要将物价降下去就得花费比上涨多好几倍的时间和精力。所以，企业管理者一定要做到合理——既不能够太过吝啬，也不可以太过豪爽，简单来说就是表扬的时候一定要表扬，不该表扬的时候尽量三思之后再表扬。

3. 奖励要巧妙些

一些企业主花费很少的奖励却能够收获很多的效益，而另一些企业主花费了很多奖励却只能够得到很少的效益——奖励与效益不成比例关系。这要求企业管理者在合理化的前提下尽量少用奖励。因为企业管理者实施的奖励次数越少，则奖励本身的价值就显得越高——物以稀为贵，奖励同样也不例外。

# 耐心沟通，让每个员工都对你敞开心扉

管理者对员工进行管理，彼此之间不可避免地就得进行沟通。通常而言，管理者与员工沟通往往会产生截然相反的情况：要么是管理效果非常好，要么是管理效果非常糟糕。事实上，沟通在管理中是一件非常考验管理者耐心的交流技术。虽然管理者与员工进行沟通需要具备一定的耐心，但也不要以为沟通就是一件多么难的事情。在德鲁克看来，管理者只要掌握了与员工沟通的要领，与员工交流起来不仅会得心应手，还会让自己的管理效果足够明显。德鲁克曾经表示："在管理中，耐心的态度才是管理者和员工沟通最重要的因素，所以管理者和员工之间进行的任何沟通都不能离开耐心，而管理者想要打开员工的内心世界，就需要用耐心对其实施管理。"

德鲁克在雪佛兰汽车公司担任名誉管理顾问期间，成功地将自身总结的管理决策运用在了管理中。雪佛兰汽车公司技术部有一名老员工，他在日常工作中很少和别人合作，总是表现得我行我素。在德鲁克看来，即使这样的人技术再好、能力再强，也是不容易对其实施管理的，而从长远来看，这样的员工也会给企业发展带来不利影响。

后来经过打听，德鲁克弄清楚了这名员工的住址，并准备登门拜访他。对此，很多人都劝德鲁克最好不要去（在这些人看来，他不会见德鲁克），但德鲁克还是决定在工作之余去拜访他。他家里有一个3岁的女儿，那天过去拜访他的时候，德鲁克看到员工的女儿坐在地板上画画。于是，德鲁克对这名员工说："小家伙真可爱，我能教她画画吗？"起初，这名员工虽然不愿意，他甚至对德鲁克产生了排斥心理，但德鲁克的好态度最终还是使他答应了。于是，德鲁克就蹲在地板上教这名员工的女儿画画。画完后，这名员工说了一句："请你把画完的老虎放在窗台上吧。"

德鲁克听完这句话后感到非常奇怪，他认为将老虎模样的画放在窗台上特别不好看。但这名员工说："这样做的目的是为了驱邪，还可以带来好运。我的很多朋友都说这间屋子里有邪气，需要用猛兽来避邪。"此时的德鲁克更加感到奇怪，他心想：这个技术过硬的老员工竟然很迷信。为了让老员工袒露心声，德鲁克和他攀谈起来。在沟通过程中德鲁克得知，这名员工的妻子在一年前病逝了，他面对这一家庭突变感到不知所措。在这种情况下，他含辛茹苦地带着年幼的孩子，还得承受工作方面遇到的巨大压力，所以这名员工的情绪波动比较大，脾气也非常急躁。

在接下来的沟通中，德鲁克继续用平和的语气询问这名员工为何在工作中我行我素。这名员工将和其他员工意见不统一、其他人对他存有偏见等情况告诉了德鲁克，而德鲁克对其话语进行了分析和甄别，认为导致这名员工和其他人不愿意合作的根本原因是双方之间存在一定的意见分歧。意识到这一点后，德鲁克知道了管理中要改进的地方。于是在此后的管理中，他通过对员工定期培训，以及让员工之间进行充分沟通

和互动的方式，让其化解了工作中与其他员工的分歧，而这也为德鲁克
进行的管理工作产生了良性作用。

从上面的事例中可以看出，管理者无论与哪个员工沟通，只要保持耐
心，就能很容易地和员工进行沟通。相反，那些缺少耐心并表现得操之过急
的管理者是很难和员工交流成功的。在德鲁克看来，管理中的耐心沟通最起
码的要求就是要学会认真倾听员工的谈话内容，因为在一定情况下，员工很
愿意向一个知心人倾诉自己内心不为人知的事情，而这时候如果管理者可以
做到耐心倾听，双方之间进行的沟通就等于成功了一半，这样无形中就为此
后进行的管理奠定了良好的开端。假如德鲁克没有用耐心的方式去和员工交
流，而是急切地想尽快达到管理的目的，在沟通过程中表现得过于急躁，那
么，他不仅不能成为这名员工信任的人，还不会达到自己管理的目的。

在管理中总是会遇到不同类型的人或事，而管理者耐心地和员工沟通就
是彼此间有效沟通、建立良好关系的润滑剂。其实，耐心地沟通还可以有效
化解彼此之间产生的陌生感，快速拉近员工与管理者之间的心理距离，并有
效地促进彼此之间的友谊。

在很多时候，虽然和别人交流是打开对方心理大门的一把钥匙，但一
个人的心理大门却并不是可以轻松打开的，这时耐心就在沟通中被凸显了出
来。当管理者有了耐心后才能在与员工沟通时静下心来去倾听员工的谈话，
才可以更真切地听出员工话语里、内心世界里深藏的含义，才可以更加方便
地对其实施管理。

因此，管理者要想让管理水平发挥到极致，就需要运用一定的决策，而
有效沟通是一种连接管理者和员工之间关系的纽带，这条纽带不仅可以让管
理者轻松地对员工实施管理，还可以为企业的全局发展提供帮助。

# 第八章　谈判就是博弈，
# 并非你善良对方就会仁慈

# 抛砖引玉，看清对方是骡子是马

谈判是场未知的较量，在谈判场上，想要说服对方，首先要知道对方的实力如何，是骡子是马，只有拉出来遛遛才能见分晓。但是，如何拉出这骡子或马呢？不妨从兵法中取取经。

兵法中有云："诱敌之法甚多，最妙之法，不在疑似之间，而在类同，以固其惑。以旌旗金鼓诱敌者，疑似也：以老弱粮草诱敌者，则类同也。"说的就是三十六计之"抛砖引玉"——抛出砖头，引来白玉。这笔账谁都算得出来。谈判是场利益之争，要想引出对方的"白玉"，不妨自己先抛出"砖头"加以诱惑。正如钓鱼需用鱼饵一样，只有先让鱼儿尝到鱼饵的甜头，它才会乖乖上钩。

某省新华书店向某出版社订了一批教材，双方在合同中约定：30天内出版社将这批教材发给书店，书店在收到教材30天内结款。谁知，该省因不少学校暑假补课，对于教材的需求提前了半个月。书店自然不能失去这个机会，于是，赶紧联系出版社能否提前半个月发货。

其实，出版社的这些教材在签订合同的第五天，就已顺利入库了，要提前半个月给书店发货自然没有任何问题。而且，提前发货，不仅可以少占用库房，节省一笔租金，还可以提前开票，早点儿拿到货款。因此，负责该项目的出版社教材部的小李听闻这个消息后，欣喜不已。然而，极富谈判经验的小李立马认识到如果一口答应书店的要求，于己并没有任何好处，不如以此条件，让书店在这个项目上再给些优惠。

于是，精明的小李在接到书店采购经理的电话后，表示自己没有权力做主，需要请示领导，但同时他还反复表示为了书店需要，自己一定会尽力跟领导争取早日发货。对方对小李的这番心意自然感激不已。

小李趁热打铁问道："您知道，提前发货我们就需要和印刷厂沟通，请他们连夜印刷，这样势必要增加成本，我担心领导因此拒绝提早发货。所以为了增加向领导申请成功的概率，我冒昧地问一下，如果我们能提前送货的话，你们能给予我们什么优惠呢？"

对方的采购经理沉思片刻后表示："如果你们能提前半个月送货的话，我会再下单订1000本教材，因为学生暑期补课，提前需要教材的人数会比较多。"

小李听罢心中大喜，但仍然不动声色地表示自己要先回去请示下领导，然后尽快答复。

结果，小李仅仅以提前半月把教材从库房送到书店这块砖，就收获了对方的"两块玉"——不仅提前拿到了货款，同时又额外卖出去1000本教材。

可见，谈判高手小李深谙抛砖引玉之道，抓住了对方急需教材的心理，但他并不确定对方的着急程度以及能为此付出多少代价。于是，小李就故弄玄虚，先抛出一块砖探探对方，最终赢得玉归。其实，在谈判中的抛砖引玉，说白了就是吃小亏占大便宜——一方先做出小的让步，以此来诱惑对方做出较大的让步。

虽然抛砖能引玉，但并不是说所有成色的砖都能引来汉白玉。只有那些你看来是砖，但在对方眼里是玉的"砖"，才能引来你眼里的"玉"。即因谈判双方立场不同，角度各异，所以，只有当你的让步在你看来只是"一块砖"，但是在对方眼中，你的让步却是"一块玉"的时候，才能成功地抛砖引玉。

所以，要想取得谈判成功，在谈判桌前说服对方，就要在抛砖之前先掂量一下砖的价值是否足以引诱对方，在明确对方的需求所在后，做出相应的让步。

　　另外，"抛砖"是手段，"引玉"才是最终的目的。所以，在给对方让步的同时要借机提出自己的要求，让对方知道你的让步不是无偿、无价值的，而是需要一定回报的。这样可以有效地避免对方过河拆桥，捡了砖却不肯抛玉。

　　抛砖要讲究天时。只有在对方最需要的时候做出让步，才能让对方对你的让步心怀感恩，才能进一步讨价还价。如果随意"抛砖"，会让对方觉得让步空间很大，以致对方得寸进尺。

　　另外，在行使抛砖引玉之术时要注意分寸，以防对方以你之道，还施你身。抛砖引玉的精妙之处在于双方对"砖"和"玉"的不同理解。由于谈判双方站在相对立的利益角度，所以对于"砖"和"玉"是横看成岭侧成峰。因此，当你试图抛砖引玉时，要提防对方是否和你心有灵犀，是否也在怀着同样的心理以同样的方式向你进攻。

　　总之，"抛砖"只是手段，"引玉"才是目的。所以，要想认清对方是骡子还是马，在拉出来遛遛之前，一定要清楚你需要付出多少，最终能收获多少。

## 主导话题的方向，让对方一直说"是"

　　在日常谈判过程中，谁掌握了先机谁就掌握了话语的主动权。然而，作为谈判的一方如何才能把握主动地位呢？在这里，会涉及心理学中的选择效应。选择效应指的是，从表面上看，我们给出了一些选择，但实际上，所有的选择只会促使对方去做出肯定的回答，也就是想办法让对方回答"是"。试想，如果我们的每一次提问，都能够让对方说"是"，而不是说"不"，这样，我们不就把握了主动权吗？另外，当对方在回答问题时，如果一开始就说出"是"，就会使其整个身心趋向于肯定的一面，在其内心会呈现出一种放松的状态，使交谈双方处于和谐的谈话气氛中。在这样的谈判状态下，对方很有可能放弃自己原来的偏见，而同意己方所提出的意见。

当你跟他人谈判的时候，不要一开始就谈论你们有分歧的事，而要先谈论你们意见一致的事。你不妨告诉对方，你们的目标是一致的，只是方法不同而已。

如果可能的话，我们要使对方在一开始的时候就说"是"，尽量防止对方说"不"。加利福尼亚大学教授哈里·奥弗斯特里特教授写过《影响人类的行为》一书，书中说：

谈话的时候，千万不要给对方机会说"不"字。一个"不"造成的障碍将阻挡你们的讨论，导致你们的讨论无法继续下去。因为当一个人说出"不"字后，为了他自己的人格尊严，他就不得不坚持到底。虽然事后他或许会觉得自己说"不"是错误的，可是他会继续说"不"，这不是为了真理，而是为了尊严。所以，我们在与人打交道的时候，要想办法让对方一开始就做出肯定的表示。否则，你会追悔莫及。

大多数人都具有这样的心理状态，当说出"不"字后，潜意识里就会形成一个拒绝的意念，潜意识的意念会导致自己对后续的谈话仍然说"不"。反过来也是如此，当说出"是"字后，潜意识里就会形成一个肯定的、接受的意念，对后续的谈话，反应也就是"是"了。

懂得谈判技巧的人，开始的时候就能得到"是"的回答。这样，他就能引导对方的心理，掌控整个谈话的局面，最终得到自己想要的结果。

艾里是一位发动机推销员，他负责的区域内有一家工厂是其潜在客户。艾里连续三年向这家公司推销发动机，这家公司最终买了几台。艾里很高兴，因为他觉得，既然有了开始，以后就会继续交往下去。不过，仅仅三个星期后就出现了麻烦，公司来电话说不再买艾里的发动机了。

艾里对自己推销的产品很了解，知道不会是发动机有故障。但是为什么对方会不满意呢？他很快赶到了那家公司。

接待艾里的是那家公司的总工程师。总工程师说：“你们的发动机太热了，我把手放在上面烫死了。”

艾里愣了一下，这算什么问题呢？发动机很烫是很正常的啊，更何况是在工厂里面，工厂的室温本来就很高。可是该怎么处理呢？如果直接和对方争论，那肯定毫无益处。于是，艾里恰当地采用了让对方说“是”的技巧。

艾里说：“的确，如果发动机实在太热，我也建议你不要再用了。不过，你这里应该有一种发动机，它的温度符合国家标准。对吧？”

总工程师完全同意，艾里得到了第一个“是”。

艾里又说：“国家标准的规定中，发动机的温度可以高出室温72华氏度，对吧？”

总工程师回答：“是的。不过你们的发动机温度可是远远高于这个。”艾里没有和他争辩发动机的温度，而是继续问道：“你们工厂的室温是多少？”

总工程师想了想，说：“大概是75华氏度。”

艾里说：“对啊。工厂的室温是75华氏度，发动机可以高出室温72华氏度，也就是说，你的手摸到的是147华氏度的高温。如果你把手放在这么高温度的东西上面，会不会感觉很烫呢？”

总工程师想了想，说：“是的。147华氏度，肯定很烫。”

艾里说：“那我建议你不要把手放在发动机上，好吗？”

总工程师承认：“你说得挺有道理的。”

几个月过后，那家公司又从艾里那里买了些发动机。

由此我们也可以看出，设计一连串让对方点头称是的问题是非常关键的。也就是说，我们可以通过提出引起对方兴趣和注意的问题，在说服中主导谈话的方向，从而左右说服的结果。

　　艾迪喜欢狩猎，不过之前他从不买弓箭设备，都是用租赁的方式。一天，他又打电话到之前他经常租赁弓箭的商店。店员告诉他，店里不再提供租赁服务了，需要的话只能购买。

　　艾迪只好打电话到别的店里询问。有一家接电话的是一位男士。

　　其实现在所有的店都不再租赁弓箭，都改为出售了。但这位男士并没有直接说，而是问："请问你以前都是租赁弓箭吗？"

　　艾迪回答："是。"

　　男士接着问："请问你以前租用全套设备一次得花费25～30美元吗？"

　　艾迪回忆了一下说："是的，基本上就是这个价格。"

　　男士又问："请问你平常是不是很节约？"

　　艾迪回答："当然是，那还用说。"

　　男士告诉艾迪："先生，现在基本上所有的商店都不再出租，而改为出售的方式了。我们店里正好有一套特价弓箭，包括所有的配件总共只需要32美元。建议你购买一套，这样你就不用每次都花30美元去租了，这样更划算一些。"

　　艾迪略一思索就答应了，放下电话就前往那家店。艾迪不但买了一套近百美元的弓箭，还购买了很多其他配件。同时，艾迪还成了该店的忠实客户。

　　说"是"也会上瘾。正如欧弗斯屈特所论证的那样，我们让一个人开始就做出肯定的回答，接下来他也会倾向于做出肯定的回答。这也可以说是语言的惯性。不过需要注意的是，说"不"也是会上瘾的。我们要得到对方的"是"，就要让对方习惯说"是"，这就是成功的秘诀。

　　那么，如何做到让他人不断对你点头称是呢？

1. 通过点出对方的可获利之处，让他人自愿认同你

凡是人们做出肯定答复的时候，都是因为看到了自己的利益。为什么有些人能够很快与他人达成合作，就是因为他们的言行总是能够从对方的需求角度出发。事实上，当人们自愿说出"是"的时候，人们只是赞同自己的利益而已。在这种情况之下，千方百计地解释自己的观点和看法，对于说服对方而言是无济于事的。所以说，能够恰如其分地为对方点出他的可获利之处，才是明智之举。

2. 重复他人说过的话，让他人感觉到你与他步调一致

有人认为重复他人的话会埋没自己的个性，丝毫不利于说服活动的进行。其实不然，这样做一方面可以让对方体会到你与他步调一致从而对你产生好感，另一方面也是为自己在进行恰当的反击之前赢得思考时间。

3. 设计诱导性提问

通过诱导性的提问可以打开对方的思路，并引导对方接受自己的观点。像前文的艾里那样，设计一系列合乎逻辑的问题，逐步引导工程师走出思维的误区，最终认同他的观点。

对于说服者来说也如是，从一开始就让对方说"是"，而不说"不"，让对方不断地肯定你的意见，对方就会逐渐地认同你的思维模式。如此一来，你就相当于有了极大的胜算。

# 说话要在点上，几句话就要切中对方的要害

在想要说服对方的情况下，说话一定要直接明了，一语中的，几句话就切中要害，得到他人的认同。

在谈判中，最会说话、最能够说服对方的人往往是那些能一语中的的

人。他们平时话不多，但在关键时刻，总能一鸣惊人，把话说到点子上。总之，该干脆的时候，就绝不会喋喋不休。

　　有一位演讲者非常喜欢演讲，他的梦想就是成为演讲大师，大家都来听他的演讲。但是事与愿违，来听他演讲的人非常少。

　　经历了一番波折，演讲者认为自己可能不是这块料，是自己太没出息了。在朋友的建议和鼓励下，演讲者去拜访了市里的著名演讲大师。

　　到大师家里之后，大师正在接待朋友，示意他先自己坐一下。

　　"我最近心情很不好，天天待在家里无所事事，晚上睡不着，失眠严重，你看我的黑眼圈都出来了。"朋友好像受了极大的委屈似的，说得苦不堪言。

　　演讲者想："要是她来跟我说这个问题，我一定会竭尽全力地安慰她，给她讲道理，相信她肯定会接受。"

　　但是让演讲者大跌眼镜的是，大师只说了一句话，就把朋友打发走了。

　　"你家境太好、生活太安逸了，你出去找份工作，晚上肯定就不会失眠了。"大师说。

　　朋友一听他说得对，立刻转身告辞走了，离开时，还很高兴。

　　演讲者陷入了沉思。

　　"你找我有事吗？"大师问道，其实他听说过演讲者，他的说话方式太过累赘，几句话也说不到重点，总给人一种云里雾里的感觉。

　　"我想，我没有了。"演讲者终于意识到了自己的问题所在。

　　"会说话的人，一语就能得人心，话不在多，说明白就好。"这是大师给演讲者的忠告。

　　演讲者受益匪浅，回家想了很多，最后转变了自己的演讲风格，成了"会说话"的人。

有些人在说服对方的时候总喜欢把话说得很细致，很烦琐，就跟演讲者一样，让人感觉喋喋不休又没有重点，就会感觉反感。在说服时，这类人抓不住关键所在，常常会处于下风。

说服是门很讲究的艺术，懂说服艺术的人言语不在多，而在于是否可以一语中的。那些擅长说话的领导者，几句话就能说到别人的心坎上。这种说话风格不仅体现了他们的智慧，还透露出了他们的个性，会赢得他人的钦佩。

在与人交谈中如果没有自己的语言风格，不能在关键时刻说话干脆，就不能给他人留下印象，你说的话自然也就没什么力度可言，对于他人，就好比吹过耳边的风，什么也留不下。

有些人以为，会说话懂说服的表现就是可以在人前侃侃而谈，能说会道，所以他们在交谈中就开始没完没了地大说特说，彰显自己的才华，还自我感觉良好。但在别人看来，他们只不过是听了一大堆假大空的话，没有任何实际意义。说话时要多说有分量的话，尽量避免喋喋不休。

在说服中，往往谁能把握住关键机会，谁就能取得胜利。在关键时刻，不要犹豫，也不要啰唆，简洁地说明自己的观点，一语中的，才能得到主动制胜的效果。

面对关键时机，如果你不能说出重点，乱说一气，很可能就失去了契机，到时候就悔之晚矣。

直截了当、一语中的的说话方式，在必要场合还能树立威严，让大家对你刮目相看，达到一鸣惊人的效果。

看到这里，想必每个人都希望成为说话简洁而又有力度的人，那么首先要学会锤炼自己的语言，不要一张口就是车轱辘话，反反复复，毫无重点可言。

话不在多而在于精，只有口才差的人才会一直喋喋不休，能说会道之人，必然是说话凝练之人。

在说服对方时，要在最短的时间内让对方听懂你的话，不能啰唆。总之，一句话能说明白的事，就绝不说成两句。

除此之外，说话要有重点，要明确自己想表达什么，如果自己都不明白，他人怎么会懂？总之，说话要讲重点，这样才能让表达更简洁、更凝练。

一位年轻的女士，感觉总得不到他人的青睐，很苦恼，于是她就开始跟朋友诉苦。

"我也不是个坏人，为人热情，喜欢帮助人，可为什么在交际中大家都不喜欢我呢？"

这位女士又开始了，说自己这也不如意，那也不好，从东扯到西，从南说到北，家长里短都被她说出来了。

"停，行了，你别说了。我实话告诉你吧，大家不喜欢你是因为你总喜欢喋喋不休，一说起来就没完没了，我听了半天也不知道你到底想说什么。"

"我……我没有吧。"女士一听傻了眼了。

"有，以后你要管住自己的嘴，想好了再说。必要的话要简短地说，不必要的就别说了。"提完意见，朋友赶紧离开了。

说话没有重点、喋喋不休的人常常会让人厌烦；说话干脆，简洁明了，会让人觉得干练利落，会赢得大家的喜爱。

要想语言一针见血，说到重点上，还要听清别人的重点，才能四两拨千斤。某名人说过："在跟人交谈时，只要我们抓住关键点，把意思说到就行了。"

在交际中，如果你无法说动别人，就会容易被对方说服，这就要求我们要抓住关键点来理论。事实证明，无法听清他人的重点是严重缺乏交际手段的表现。

"我也想用简单明了的语言跟他人交流，但有时却不明白对方的真实意图，真让人苦恼。"这是很多人的心声。

之所以会出现这样的现象，究其原因，就是不懂抓别人话里的重点。要是能把自己的论点，集中到别人的关键点上，不需要多长时间就能把话说透，赢得他人的认可。

在交际中，说话简洁明了，能切中要害，不仅是懂说话艺术的表现，还能彰显自己的个性，赢得他人的好感。没有人会喜欢说话含糊其辞、太过拐弯抹角又喋喋不休的人。

要想成为会说话的人、要想在交际中大放光彩，能把所有人都说得心悦诚服，就必须懂得"话原来也可以很精贵"的道理。真正能说会道之人，吐出的字是金玉良言，绝不是毫无实际意义的大话空话。总之，该干净利落时，一定要抓住机会，简明扼要地赢得别人的赞同。

## 谈判陷入僵局，不妨给彼此一个调整的时间

任何的谈判都不会顺风顺水，如果双方在谈判时陷入僵局，无法再继续进行谈判时，不妨叫个暂停，给双方一个调整的时间，也给自己一个再想对策的时间。

很多人认为，谁主动提出暂停，谁就陷入了被动，等于认输。其实不然，暂停只是给彼此一个软化态度的机会，当双方在谈判时已经争到不可开交时，暂停会给双方一个冷静的机会，给双方一个台阶下。也许很多事情，在暂停时反而会相互间做到一些妥协或退让，得到一个更满意的谈判结果。

英国一家房地产公司收购了一块地皮，准备用来建造一座办公大楼，因此这块地皮上原来居住的200多户居民都得拆迁。但是居民中有一

位爱尔兰老妇人，在她的带动下，许多人都拒绝搬走，而且这些人决心与房地产公司周旋到底，谈判毫无进展。

于是公司经理宣布暂停与住户的谈判，派出精干人员与住户代表进行场下协商。由于那位爱尔兰老妇人态度最为强硬，公司便决定从她那打开突破口。

公司职员弗兰克来到老妇人的家，对她说："我知道您具有非凡的领导才干，完全可以成就一番大事。听说这里将建造一座新大楼，您何不劝劝您的老邻居们，让他们找一个更优美的环境永久居住下去，这样，大家都会记住您的好处。"弗兰克这几句表面上轻描淡写的话，却深深地打动了老妇人的心。不久，她就变成了最忙碌的人，她到处寻觅住房，指挥邻居们搬迁，把一切办得有条有理。而公司在搬迁过程中，仅付出了原来预算赔偿金的一半数额。

开发商在与住户谈判无果后，利用逐个击破的方法，在场下找到了关键人物，并且说服了她，最后完成了拆迁。

谈判是双方的博弈，胜负在一举手间已成定局，所以，真正决定谈判输赢的事情，不仅在谈判桌上，更在谈判桌外。

有一次，一家冶金公司需要向美国进口一套组合炉，便请国内的一位高级工程师带队与美商谈判。这位高级工程师接到任务之后，查找了大量有关冶炼组合炉的资料，花了大量的精力了解国际市场上组合炉的行情，并通过种种渠道熟悉了对方公司的历史和现在的经营情况。

当中美双方的谈判代表坐在谈判桌上之后，美商气势逼人，一开口就喊出了200万美元的报价。经过中方其他代表的讨价还价，美商极不情愿地把价钱降到了150万美元。这时，中方代表中的高级工程师却直接给出了100万美元的报价，让中美双方都大感意外。

美商代表为了表示自己的态度坚决，便起身离开了谈判桌，并对高级工程师说："我们已经做了很大的让步，您却还是压价，看来你们根本没有合作的诚意。"

事后，中方的其他谈判代表都很不高兴，甚至背地里埋怨工程师自做主张。工程师安慰自己的队员说："大家放心吧，美国人会回来的。因为去年他们把同样的设备卖给法国，只要了95万美元，国际市场上的价格也不过90万美元上下，所以，100万美元的价格他们一定会接受。"

一个星期之后，美商又回到了谈判桌上，工程师就向他们说明了之前与法国的成交价格，美商只好承认，但是仍然坚持加价说："现在物价上涨了很多，价钱自然也比不了去年了。"

不料工程师早有准备，轻松地说道："就算物价上涨，指数也没有超过6%，所以100万美元的价格还是有利润可赚的。"

在事实面前，美商只好妥协了，这家冶金公司最终以100万美元的价格买回了急需的设备。

由此我们可以看出，在谈判桌外决定谈判输赢的，就是精确的数据。因为事实永远胜于雄辩，所以即使是对谈判策略不是十分了解的人，也可以凭借数据的力量战胜巧舌如簧的对手。

# 制定"最后期限"，让对方主动投降

在有些谈判中，对方已经具有了成交的意向，但是这种意向不强。这时要想促成谈判的成功，你就要通过各种方法，给对方制造一种紧迫感，让他觉得如果现在不成交的话，将会吃大亏，而贪便宜是一些人的天性，这时候他们往往就会立即成交。

在海南三亚一个高档住宅小区里，整个小区只有10套房子，而且房价贵得惊人，虽然有很多人对它们感兴趣，但是都被居高不下的价格给吓退了。

有一天，一位老板听说这里房子不错，于是就想去打听一下。他来到售楼处时，对这个住宅区赞叹不已，于是聪明的推销员马上迎上前去说："先生真是有眼光，这种海景房是我们公司最豪华的，它们是世界上最优秀的设计师设计的，我敢肯定地说，在整个三亚，你再也找不到这样将风景和设计完美结合的海景房了，住在里面绝对是无与伦比的至尊享受。您自己看看，我们小区像这样的房子一共也就只有10套而已，而且现在已经所剩不多了。我刚刚听到另一个工作人员在电话里跟别人约好了下午来看房子。我知道你也很想买，所以我建议你立刻做出决定，否则很可能就没有机会了。"

尽管这个老板觉得有些贵，但生怕失去了最后的机会，当时就交下了十万元的定金。

这里谈判者采用了"最后机会"的说话技巧，让对方紧张起来，使他为了争取到最后的机会，主动地交下了定金。这就是谈判中制造紧迫感的好处，可以让对方在压力之下马上做出成交的选择。

毋庸置疑，谈判中，最重要的莫过于取得谈判的主动权，而要做到这一点，你就需要掌握对手的心理。通常情况下，人们在没有退路的情况下，都会接受他人的建议。古语"不到黄河心不死"说的就是这个意思。从这一点看，我们在与对手交涉的过程中，就可以虚张声势，到关键时刻再说话，巧用最后时机，适时把话说绝，让对手觉得无路可退，从而令其就范。

某个周五的下午，某部门主管代表公司与另外一公司同级领导在酒店里讨论合作事宜，但是讨论了很久，都未能得出一个好的解决方案，这样讨论下去，只会耗费更多的时间，眼看就要到下班的时间了，这位主管发话了："今天大家的兴致都特别高，非常好，不过仍然没有一个比较满意的方案，要不这样吧，反正今天是周末，我们加班讨论，如果还是决定不了，星期六再接着讨论。各位觉得如何？"全场哗然。过了一会儿，还没到晚上九点，新的方案就出来了。

为什么会出现这样的结果？因为忙碌了一周的他们都在期待着周末，没有谁希望自己的周末耗在无聊的办公室里，因此，他们只想快点结束会议。而在谈判过程中，就需要反过来处理，一定要撑到最后一秒钟。能在谈判中取胜的人往往就是能够顶住"最后期限"这个巨大压力的人。

两方交涉，当最后期限临近时，彼此在内心都会与自己进行一番较量，离最后期限越近，压力也就越大，一旦屈服于这种压力，就只能被别人牵着鼻子走。很多时候，在谈判结束前某一方会出现一些大的让步就是这个原因。

人们在"最后期限"面前效率总是会更高，而制定"最后期限"就是一种损失约束手段，通过拟定最后期限让责任承担人了解到如果不按期完成将会有更大的损失，而人类趋利避害的本性就会驱使他们及时完成任务以保护自己。

无论是进行政治谈判、军事谈判还是商务谈判，都可以使用最后期限这一"非常规做法"。之所以称其为"非常规做法"，是因为它是一种在特定的环境中不得已而为之的策略。最后时限不但针对对方，同时也给己方套上了枷锁，双方在其中都没有回旋的余地，所以很容易造成双方的尖锐对抗，导致谈判破裂。所以，我们在使用这一策略时，一定要在考虑成熟的情况下使用，否则后果不可收拾。最后期限若成功，能有效地逼迫对方让步，使己方获取巨大的利益；但若使用失败，不仅会导致双方关系恶化，己方还丧失了宝贵的谈判机会，因此最后期限是一把双刃剑，使用时要慎之又慎。

1. 巧妙利用时限

在谈判过程中并不是可以随处使用"时限"的，大部分人都会在最后紧要关头巧妙利用，迫使对方做出让步。另外，当你提出了时限的要求时，就要坚持撑到最后一秒，切勿轻易改变决定。

2. 对方欺软怕硬，你应寸步不让

欺软怕硬是人们一种常见的心理，如果对方表现得十分强硬，而且不让，你也不必一味地退让，反而应该寸步不让，毫不犹豫地展现出自己的原则，大多数情况下到最后对方都会屈服于你。

## 提供一些附加服务，让对方觉得他赢了

当谈判接近尾声时，你一定要给对方他赢得了这场谈判的感觉。当然，这并不意味着要一味地给对方好处，而是要让对方感觉自己赢得了这场谈判。你可以提供一些附加的服务，也可以提供一些本不需要提供的关心，这个时候你会发现，你的这些服务会给你带来意外的收获。

萧然是一家服装企业的谈判员，公司派她去和一家美国的设计师进行谈判。在谈判的开始，萧然就了解到这个美国设计师杰克喜欢喝中国的碧螺春，喜欢中国的旗袍，于是特意换上了旗袍，带着碧螺春来谈判。谈判刚刚开始的时候，桌边就洋溢着浓厚的中国特色，穿着中国旗袍的中国女性，同时空气中散发着清香的碧螺春气息，设计师杰克完全沉浸在美妙之中，谈判的过程一直进行得很顺利。最后要确定服装的外观设计时，杰克主动要求要一份中国旗袍的样式图书，还愿意多送萧然几件自己设计的西方服装，萧然很快地就答应了谈判。杰克看着眼前的

身着旗袍的中国美女，口中喝着喜欢的碧螺春，他觉得自己赢得了谈判，而且此次的谈判令他感到很满意。

人们在各类贸易、合作、联合以及各种经济纠纷中进行谈判，其目的是改变相互间的关系并交换观点，以期达成协作的求同过程。谈判是一个较为复杂的过程，既要确定各自的权利与利益，又要考虑他方的实惠利益。因此，交易谈判犹如对弈，在方寸之间厮杀，但又要共同联手合作，这是既矛盾又统一的，即个体、整体的利益所在。

真正的谈判高手总是会让对方感觉他赢得了谈判，而拙劣的谈判者只会让对方觉得他赔了。与拙劣的谈判者合作的客户，在第二天早晨他们醒来的时候会想："现在我知道那个搞销售的对我做了什么，别让我再碰上他。"而与谈判高手合作的客户会感觉他们同你一起度过了一段非常愉快的谈判时光，他们迫不及待地想再次见到你。

谈判的最理想状态就是让谈判双方感觉自己都赢得了这场谈判，尤其是真正的赢家，更应该运用这一谈判策略使对方感觉他才是赢家。

比如，你和一位客户进行谈判，在谈判进行的过程中，对方不知满足、不断索取而毫不付出，那么这场谈判只能出现两种结果：一种是谈判将在无法继续的僵局中结束；另一种则是一方获利而另一方因损失过大被迫终止交易。

所以，想要使谈判获得理想的结果，就应该端正心态，抱着如果自己的利益得到了满足，也应该适当给对方一些让步的良好态度，而不是把对方看作仇人。找到最好的方法去满足双方的需要，并且要解决双方责任和义务的分配，如成本、风险和利润的分配等问题，这是谈判的最终目的。

胜达科技有限公司需要为公司的员工购置一批电脑，公司的采购经理联系了一家名为长远电脑有限公司的供应商，双方就此次交易进行了谈判。

胜达公司希望以市场最低团购价格购买这批电脑，但对这个长期供货的客户有所顾忌，担心影响到日后的合作关系。长远电脑公司当然期望利润的最大化，但又不愿失去一个可靠而又诚信的长期合作商。

谈判一开始，胜达公司就提出了最低团购价的要求，但是被长远电脑公司拒绝了。经过一段时间的协商，双方达成了基本一致的意见，胜达公司把报价提高，而长远公司在对方做出让步的基础上提供给胜达更多其他的服务。

其实，在谈判进行的过程中，长远公司并没有做出提供其他服务的让步，但是，即使长远公司做出这样的让步，也不会影响公司的利润。所以，直到谈判进行到一个僵持阶段，长远公司才以关键时刻的一次让步赢得了这次谈判。

一场谈判完成后，双方不仅各有所得，也不会影响到下一次的合作。当一方不得不在价格上做出让步时，另外一方就可以在其他方面提供一些补偿。

谈判双方立场不同，对利益的价值评估也不会完全相同，或许长远电脑公司的供货价格是本次谈判的最重要因素，而胜达公司更看重的是电脑的售后服务，通过谈判，双方的问题得到了解决，他们都认为自己赢了。

在谈判中，谈判双方对同一个问题的价值认定是不同的，也就是说，甲方想要达到的目的乙方实际上毫不在乎，而乙方想要获得的东西甲方感觉没有任何意义。

所以，在谈判过程中，我们不仅需要考虑己方需要的东西，还应该考虑对方需要的东西。如果对方需要的东西在己方看来是丝毫不会影响到自己任何利益的东西，那么，何不找个适当的机会，以适当的方式"送给"对方呢？让他感觉他赢了谈判，这对己方是大有好处的。只有你满足了对方的基本需求，对方才会给你相应的回报。

聪明的谈判者不会只顾及自己的利益和感受，而是会从对方的预期出发，尽量让对方的心理得到满足，给对方一种自己赢得了整场谈判的感觉。

# 真正的谈判结束，是从签约那一刻开始的

谈判中最重要的环节是哪一环？当然是签协议。不论你把谈判的开场、中场、僵持阶段处理得多么漂亮，最关键的还是拿到一纸合同，让自己的努力最终开花结果。但是，当谈判进入最重要的一环，即签合同时，你千万不要因为过分兴奋而忽略了对于合同的审查。

曾经有人在签合同时因为一时疏忽而铸成大错，这是因为他的谈判对手偷偷地修改了谈判协议，致使他最终签了一份跟原来完全不一样的合同。

当然，一般人在进入签合同阶段时心中总是难以抑制自己的兴奋，于是就没有耐心去重新审阅一遍合同。更何况，现在的协议动辄十几页到几十页，如果从头审读这么长的协议，就算你有耐心看，对方也不一定有耐心等。

在谈判时，双方对主要议题往往抱着达到高度共识的态度，但是对于一些细小的协议，比如付款日期、交货方式，很可能就会三言两语地带过去，如此一来，就不可避免地出现模棱两可的情况。

对于一个缺少法律保障的合约，如果谈判双方都能非常诚信地执行谈判结果，这当然没有问题，是件皆大欢喜的事情。但是，如果偏偏有人针对这个模棱两可的协议，做出背信弃义的事情来，那就无异于搬起石头砸自己的脚。遇到这种情况，我们能做的要么是终止合作，要么是狠狠地把对方骂一顿。然而，只要遇到这种背信行为，若是没有契约的保障，在空口无凭的情况下，想要挽回利益就简直犹如水中捞月。

俗话常说："害人之心不可有，防人之心不可无。"谈生意做买卖，总要牵扯到利益问题，难保他人不会在暗处占你便宜，或是因为疏漏细节而造成误会。这种时候，白纸黑字的合约书就是一种保护，足以捍卫你的权益，

同时也是在保障对方的利益。

在谈判的最后关头，当谈判双方终于达成一致时，你除了感觉身心舒畅、大功告成之外，当对方拿来协议要你签字时，大笔一挥的神气劲儿，更是让你倍觉潇洒与爽快。可是，在接下来执行协议的过程中，你可能会发现好多问题并没有写进去，而且执行中出现的种种麻烦事，也会让你分不清到底是谁的责任。所以，当胜利在望，当谈判进入收官阶段，一定要放慢走出谈判室大门的脚步，坚持自己拟定谈判的协议或是合约，才能赢到最后。

华北某县城的民营小厂研发出一种新型的铸铁技术，并投入生产，行业内的一家大企业听说后前来参观。当同行看过民营小厂的新技术之后，表示非常感兴趣，希望能与该民营小厂合作，共同发展。

当时，这个民营小厂正面临资金周转困难，自然求之不得，别人也朝他们投来羡慕的目光，"梧桐树招来金凤凰"了啊！于是，当双方在县城最好的饭店摆了一桌后，双方就正式开谈了。

谈判中，由于民营小厂厂长没什么经验，对于对方的种种要求可以说是满口应允，没多久，小厂就与大企业签订了合作协议。

但是事后，就在这位小厂厂长执行合同的过程中，却逐渐发觉合同中的许多条款对自己这方的发展是极为不利的，比如，合同中有这么一项规定：产品需由对方负责销售，却没有明确界定产品的成交价格和定价。如此一来，民营小厂不得不把运费都白白地搭进去。这还不是最糟的，就在双方刚合作一段时间后，大企业竟然宣布：由于销路不好，货款要不来，它赔进去的成本需要两家分担。这一结局让民营小厂叫苦不迭，当初签合约的时候，协议上明明写的是利润四六分，并未写任何责任赔偿事宜。

很显然，在这场谈判中，原以为捡了香饽饽的民营小厂，最后不过是在为对方做嫁衣裳。民营小厂的负责人在谈判签约的时候，由于心情激动，抱着一种受人恩泽的感觉，再加上自身缺乏合同知识，缺乏对合同深刻细致的理解，在对合同条款还没有弄清吃透的情况下，便草草与人签订合同，等发现合同不公平，甚至上当受骗时，为时已晚。

所以，为了使自己的利益得到充分保证，我们一定要争取亲自拟定合约。要知道，合约是记录谈判成功的标志，是检验谈判结果及监督执行情况的重要依据。

那么，在条件允许的情况下，自己拟定合约书到底又有哪些好处呢？

1. 能够清楚表达自己的观点和意见

虽说在商务谈判中，一般不会出现因合约不详而导致谈判破裂的情况，但是由于双方所处立场的不同，关注利益点的不同，对问题理解角度的不同，双方写出的合约往往会有一定差别。所以，亲自拟定合约自然能够清楚地表达自己的观点和意见。

2. 可以选择对自己有利的内容

谈判时，无论双方多么详细地沟通，也可能会遗漏一些细节。如果你是合约起草人，当然会把那些遗漏掉的、对自己一方有利的内容补充进来，而不过多考虑对对方有利的内容。其实，这并非是存心为之，对方没有特别强调，你也自然会认为没有考虑的必要。

3. 能在时间上占有主动性

一旦你抢占了先机，占据了主动，就可以决定什么时候写，用什么方式写，以及什么时候递送给对方。再者，也是考虑到发现问题可及时解决。要知道，人是相当怕麻烦的，如果眼前摆着一个现成的提案，而它又不至于太过分，并且关系到的项目无关痛痒的话，多数人都会倾向于说："好，你说了算吧。"这种时候，多数人会认为，与其和对方坐下来针对某些细节逐一讨论，倒不如选择现有的。换句话说，通过草拟契约，你也能主导很多细节流程的走向。

那么，又该怎样写好合约呢？下面三个要领就值得注意。

**1. 在谈判中做好记录**

在谈判开局和中局，也许还没有涉及谁起草合约的事情。但是，即便如此，你也要在谈判过程中做好记录，并在关键地方做好标记。如果你拥有起草合约的权利，还要记得把对方答应的内容写进去，同时也不能遗漏对对方的承诺，避免产生不必要的误会。

**2. 每次都要仔细审读合约**

"差之毫厘"很可能就会"谬以千里"。为此，从合约的起草到完稿，每次都要反复地仔细修改。不仅要审读修改部分，而且还要审读全文，并且把原文件和修改后的文件对比着看，检查是否有遗漏之处。

**3. 请旁观者审读指正**

俗话说："旁观者清。"很多时候，自己认为已经说清楚的事情别人未必能懂。所以，当你把合约交给对方之前，最好让自己一方的其他成员浏览一遍，若有不适之处，及时补充改正。

在商务谈判中，千万不要贸然签约，否则跌进陷阱里的人很可能就是你。合约是具备法律效力的文件，如果你觉得有模糊不清或是无法苟同的条款，一定要与谈判对方沟通商议，并重新清楚地注明在合约之内。

# 第九章　商场如战场，

# 关键时刻就要勇往直前

# 机遇瞬息万变，看到就要果断出击

成功人士的一个共同特点就是，总能够先人一步，率先掌握信息，果敢采取行动。因为他们知道，机会从来不会等待任何人，如果你不能及时抓住机会，那么你就有可能与成功失之交臂。机会常常隐藏在各种信息中。所以，有心计的人总是能从信息中发现宝贵的机会，果断出手，从而摘得成功的桂冠。

1988年，还在日本的李晓华通过看报纸，看到了一条毫不起眼的消息："国产101毛发再生精在日本市场上的价格直线上升。"李晓华凭着敏锐的市场判断认定这绝对是一个不可多得的好机会。他想如果自己能够取得"101毛发再生精"在日本的代理权，肯定能赚一大笔钱。

于是，说干就干，他立即返回中国。在短短一个月的时间里，他与"101毛发再生精"的发明者赵章光结成了朋友，顺利地得到了生发精在日本的经销权。

李晓华垄断了"101毛发再生精"在日本的代理权后，以10美元一瓶的优惠价进货，然后以70美元～80美元一瓶的价格在日本抛售，真可谓是一本万利。

说到成功的企业家，一般人往往佩服他们那似乎与生俱来的、左右市场的能力。其实，在那叱咤风云的表象背后，是有规律可循的，那就是他们善于抓住关键信息，善于伺机而动。竞争残酷、似乎无从入手的市场实质上并非天衣无缝，也是有"机"可乘、有"缝"可钻的，关键在于你是否拥有一双锐利的眼睛，是否有着敏锐的嗅觉。

这就要求经商者必须做到头脑灵活，反应快速，只有这样，才能抓住机遇。商场是竞争最激烈的地方，机灵和智慧是渡过难关、反败为胜、绝处逢生的利器。

19世纪中叶，有人在美国加州发现了金矿。17岁的小农夫亚默尔也成为淘金大军的一员。越来越多的人蜂拥而至地赶往加州，一时间淘金者遍布加州，而金子自然也是淘不到多少。

金子难淘，生活也越来越苦。加州气候干燥，缺少水源，许多淘金者极不适应那里的环境。亚默尔也不例外，他被这里的环境折磨得差点死去。

一天，望着水袋中仅存的一点水，看着周围人对水的渴望，亚默尔突发奇想：在这里卖水是个不错的生意，这个商机不错。

于是，亚默尔从远方将河水引入水池，用细沙过滤水，就变成了清凉的饮用水。然后，他用水桶装水运到山谷处，以壶为单位卖给找金矿的人。

当时，有人嘲笑亚默尔胸无大志："来加州不找金子，却做这样的小生意。"亚默尔却毫不介意，继续做他的卖水生意。

结果，淘金者大多一无所获，而亚默尔却在短时间内赚了几千美元。这在当时已经是笔不小的财富了。

在商场上，永远不要等待，因为今天就是最后一天，没有等待明天的时间了。等待只会让自己和成功擦肩而过。只要认识到这一点，那么遍地就会是机遇，到处就会有财富。也许，犹豫不决固然可以规避一些做错事的风险，但同时也失去了成功的机会。俗话说，"机不可失，时不再来"，生意场上，该出手时就要出手，犹豫不决只会错失良机。

许多成功人士都是善于把握机会和创造机会的好手，于是快手出击，等企业到了稳定的发展阶段往往就不再冒险了。因为这些成功人士深知，现在的企业已经不是个体赌博的筹码，而是关乎整体中的很多人。但是，我们也要明白，对于一个企业来说，没有创新也就没有发展。警惕风险、规避风险固然重要，而发现、抓住机遇对一个处于辉煌阶段的企业也同样至关重要。

作为企业家，你还要提高把握市场的能力。企业要发展，老板既要勇敢抓住风险机会，又要谨慎对待，先人出手，减少不应有的失误，把企业做稳做长久，这既是对企业负责，也是对社会负责。

当然，在现代化社会要做到先人一步，还要收集更多的信息。因为信息的多寡，常常是决定事业成败的关键因素。很难想象，一个闭目塞听、信息不畅的人能取得成功，一个目光短浅、孤陋寡闻的人能够在市场上抓住先机。一个人只有具备清醒的头脑、广博的见识、丰富的阅历、准确的判断力，才能在纷繁的市场中抓住机遇，让信息为己所用。

我们常说机遇是可遇不可求的，但是有时机遇并不会主动来找你，这就需要你练就一双慧眼去发现并捕捉它。在这个错综复杂的商场中，机遇可谓无处不在，但它更多地隐藏在繁杂的信息里，谁能先人一步捕捉到并又快又准地去做，谁就是最大的赢家。否则，就只会与财富擦肩而过。

# 机遇这种东西，总是蕴藏在风险之中的

正所谓"富贵险中求"，我们一定要具备冒险的精神，商机就是靠这种敏锐的商业嗅觉捕获的。不思进取、安于现状的人，总是和成功失之交臂。

福勒为了生存，决定经商生财，最后选定生产肥皂。首先，他采取自销的方法，经历了长达12年之久的挨家挨户推销肥皂。后来，他得知提供肥皂原料的那家公司即将以15万美元的价格拍卖，他决定买下这家公司。但他在12年间，只积攒了2.5万美元的积蓄。最后，那家公司和福勒达成了协议：他先付2.5万美元的保证金，然后限他在10天内付清余额。如果10天之内不能付清余额，那2.5万美元也将不退还。

在福勒经商的这12年间，他结交了不少朋友，他从私交的朋友那里借了一笔款子，也从信贷公司和投资集团那里得到了援助。在10天内福勒只筹集到了11.5万美元，也就是说，还有1万美元的余额。

夜间，福勒驱车向61号大街的方向驶去。一所承包商事务所映入他的眼帘，于是他停下车走了进去。福勒觉得自己应该更勇敢些。"您想赚1000美元吗？"福勒直接向坐着的人发问，这句话吓到了那个人。福勒对那个人说："那么，麻烦您开一张1万美元的支票给我。我将在偿还借款的同时，另付1000美元的利息。"这位承包商看了借钱给福勒的人员名单，并且详细地听他介绍了他的计划，终于答应了福勒的条件。

这次冒险没有让福勒破产，反而让他成了拥有七家公司和一家饭店主要股份的富翁。

风险与机遇并存。一个人只有敢冒险，才能把握机遇，获得成功。丹麦著名哲学家恺郭尔说过："冒险就要担忧发愁；但是，不冒险就会失落自己。"稳扎稳打固然不错，但是也不能丧失进取心。事实证明，在做事的过程中，我们要具有探索精神。为了成功，冒险是值得的。

人们常说，做人做事要稳中求胜，这样就没有风险、损失和不怕伤害，这种理想和愿望当然没错。胆小的人注定办什么事都以安全为重，不会去冒一点风险。但是过于谨慎和畏缩不前只能是小打小闹。因为，事业的成功离不开机会，过度谨慎就会失去机会。

西方谚语说："幸运喜欢光临勇敢的人。"很少有人不想有所作为，又很少有人敢于冒风险，而通向成功多少要冒一些风险。平庸之人是绝对不愿承担风险的，所以，这些人终难成大器。一个人如果能摆脱对失败的恐惧，就能激发出惊人的潜能。

一个成功的商人必须具备一定的冒险精神，否则，他将在机遇面前畏缩不前，最终与成功失之交臂。但是冒险行为不是探险行动，而是要去冒值得冒的险。也就是说，作为企业的经营者，你不仅要具有勇敢的精神，敢于冒险，还要有超前的眼光，去判断哪些险是值得冒的。

有一段时间，约翰·甘布士所处地区陷入经济危机中，很多工厂都倒闭了。那时，约翰·甘布士还是一名小技师。他马上利用这个机会低价收购货物，人们都嘲笑他的这种行为。约翰·甘布士依旧收购各工厂抛售的货物，并租了一个很大的货仓来贮货。

他妻子劝他，现在是经济危机时期，不要把钱全投在这上面。因为他们历年积蓄下来的钱数量有限。这样的冒险，有可能让自己血本无归。对于妻子的劝告，甘布士安慰她道："三个月以后，你等着瞧吧，到时候你就知道了。"

　　但是，过了10多天后，那些贱卖商品的老板因为找不到买家，便想把商品烧掉一些，以此达到稳定物价的目的。看到别人这样的行径，妻子开始抱怨甘布士。

　　终于，美国政府采取了紧急行动，稳定地方的物价，并且大力支持那里的厂商复业。这时物价仍在一天天飞涨。约翰·甘布士等的就是这一刻，他立刻抛售货物，最后赚了一大笔钱。

　　在他决定抛售货物时，妻子劝他不要这样做，因为物价还在涨。他平静地说："是抛售的时候了，再过一段时间，就卖不到这么好的价钱了。"果然没过多久，物价开始下跌。

　　后来，甘布士用这笔赚来的钱，开设了五家百货商店，渐渐跻身全美商业巨头的行列。

　　充满机遇和挑战的21世纪是一个风险与机遇并存的时代。想要致富，冒险是必不可少的途径。致富的唯一途径不是冒险，但冒险却增添了你致富的可能性。冒险有可能导致你倾家荡产，但成功者还是愿意冒险的。想要取得事业的成功，就必须敢于探索和冒险。

## 找到共同之处，看看是否有合作的机会

　　在商场交际中，人们往往存在着这样一种心理，即对于与自己有相同之处的人，人们更乐于接近。寻找并利用与对方的共同之处是拉近彼此距离的捷径，也是最有效的方式。因为这些共同之处使我们与对方有了共同话题、

共同语言，因此他就会更信赖你，更愿意亲近你。

　　共同之处可以帮你更容易了解对方，让你比别人更亲近对方。因为共同之处，对方很可能会和你成为无话不谈的朋友。这样你就会和对方有更深的交流和沟通，你们之间的距离就会慢慢地因共同之处而缩短。

　　事实上，当你使用了寻找共同之处的交往技巧之后，你会很容易与对方拉近距离，得到对方的信赖，这种技巧会使你在交往中得到意想不到的效果。

　　当对方一旦看到你与他的共同之处，他就会很愿意跟你交流与相处，给你与他交往的机会，你可能会在很短的时间内就能成为他的朋友。

　　因为共同之处，你们在交流中会产生感情上的共鸣，这种共鸣是很深入人心的。那么你们之间的这种朋友的关系就会更近一步，甚至他会把你视为知己。知己之间，如果有事相求，他必然会放在心上，尽心尽力地帮助你。

　　让对方意识到你与他的共同点是自然的、是巧合的，你们之间就共同点之间的探讨是有价值的、有深度的，让对方看到你深厚的内涵与底蕴。在你们的共同之处上，让你独特的魅力和风格深深地吸引对方。

　　找到你与对方的共同之处是交往中首先要做到的，你可以通过向对方周围的人打听对方的兴趣爱好的方法，提前研究对方的喜好。

　　如果自己与对方有共同之处更好，如果没有就要培养，等待机会，然后通过共同之处取得客户的信任与好感。

　　宁欣是一位售楼小姐，偶然的机会她结识了一位潜在的客户，这位客户对小型别墅很感兴趣。宁欣意识到这位客户很有钱，而且品位极高。虽然宁欣极力地向客户推荐，又留了名片给他，可是这位客户一直没有回复。

　　经过多方打听，宁欣得知这个客户酷爱网球。宁欣就了解了一些网球的知识，并报了网球速成班。当宁欣学得差不多的时候，给那位客户打电话告诉他"无意间发现一家环境特别好的网球场"，还透露自己的网球打得不错。

当时，并没有什么效果。后来的一个周末，客户打来电话约宁欣去打网球，因为他的球友出国了，就想起了宁欣。最终在一段时间的打网球交往中，客户主动跟宁欣签下了购买合同。

此外，你也可以多留心对方生活和工作中的一些习惯，注意聆听对方的语言，或者分析对方的性格特点，从中寻找你与他的共同之处。

你也可以通过观察对方的打扮、表情、行为举止，以判断他的生活状态、精神层面、兴趣喜好。你也可以跟他探讨一些问题，比如探讨他的品位，探讨他的人生，从精细的观察、探讨中，你会寻找到你们的共同之处。

除了探讨品位或人生之类的话题，你们也可以聊一些日常生活的知识，在这方面可能更容易找到共同之处。你还可以和对方一起参加活动，户外远足，这样通过聊天、相互接触也能找到共同点。

共同之处可以使你与对方拉近距离，虽不能保证你的目的会真正地达成，但一定会增加许多成功的机会。


## 商场之中，多个朋友总比多个敌人强

俗话说，朋友多了路好走。要想在社会上立足，就得多交朋友，拓宽自己的人脉对自己的发展是很有帮助的。朋友多了，生活才更充实。相反，树敌只会给自己增设障碍。所以，多交朋友就是在减少敌人。

尤其是在工作中不要树敌。在公司里，因为个性、习惯的不同，同事之间难免会产生一些摩擦。虽然矛盾不可避免，但是我们可以改变自己的心态。

刘欣和欧阳雯是一起进入一家广告公司的。虽然她们都看不惯职场中某些人的做法，但两个人的处事方式却大相径庭。刘欣脾气很好，为人也较为圆滑，哪怕是自己吃一点小亏，也不会和那些老职员斤斤计较。而欧阳雯却不一样，她是个直肠子，不喜欢谁就会表现得很明显，对对方爱搭不理。在学校时也许还会有人欣赏欧阳雯这种率直的人，但在职场上，这样的脾气却让她四面树敌。每当欧阳雯在工作中碰到一些难题想寻求老员工的帮助时，总是被别人委婉地拒绝，所以她的工作开展起来相当困难。而时时都笑脸相迎的刘欣却获得了大多数人的好感，在职场中如鱼得水。

在社会上打拼，本来就存在很多无法预知的风险。如果你再人为地树敌，那你的处境只会更加艰难。你可以不喜欢某人为人处世的风格，可以不喜欢某人斤斤计较的小肚鸡肠，可以不喜欢某人骄傲自大的脾气，可以不喜欢某人谄媚的嘴脸。但不喜欢归不喜欢，你不一定非得在脸上和态度上表现出来。多一个敌人对自己有什么好处呢？最后吃亏的还不是你自己。

如果是在工作中产生的矛盾，就应当采用工作的方式予以解决，而不是动辄上升到人身攻击，把原本限于工作层面的矛盾升格为私人斗争。摩擦或裂痕的产生，是由于缺乏必要的感情基础，要使矛盾得以缓解，就应该注意培养感情。请求对方的帮助是我们化解矛盾的良方。所以请记住这样一个规则：即便是做不了朋友，也绝对不要成为敌人。

## 所谓情商高，就是懂交际

　　1736年，富兰克林参加州议会书记员位置的竞选。虽然富兰克林心中知道自己会获得提名，但有一个很大的问题就是有个极有影响力的人反对他。这个人之前和富兰克林有些摩擦，所以一直与他不和。富兰克林懂得如果不争取到这个人，自己就会输掉。

　　后来富兰克林在自传中写道：我听说他书房中有一本珍贵的书，于是给他写信，表示我想读这本书，希望他能帮个忙，把书借给我。那人对这一要求感到很高兴，于是把那本书借给我。后来，这个之前的敌人成了富兰克林坚定的支持者。


　　富兰克林的聪明在于用友好的方式化解了矛盾，在他们之间建立了一种感情基础：就是能在适当的时候给予对方帮助。可见，在生活中，即便和别人有矛盾，也绝没有必要演变成冲突，应该寻找一些方式来有效化解。至少要避免树敌而可能为自己带来打击报复等情况的发生。

　　多交朋友就是减少敌人。结交朋友的方式有很多，重要的一点是，在参加聚会等集体活动时，无论你是否真的喜欢，都要将热情表现出来，绝对不能表现出勉勉强强的态度。既然是参加集体活动，应该对什么事情都积极地参与，不要感到这种联谊会、聚会对自己来说是一种无聊的活动，要努力让大家都快乐。

　　在处事待人的时候，要时刻谨记"多个朋友多条道，多个敌人多堵墙"的道理。树敌过多，不仅会让你迈不开脚步，甚至会徒增烦恼——即使是正常的工作，也会遇到种种不应有的麻烦。而避免树敌的最简单的方法，就是多交朋友。

# 商场上所积累的人情，
# 也许某一时刻就会得到丰厚回报

不要吝啬对别人的帮助，不去帮助别人的话，你是难以积攒下自己的人情的。如果你的人情银行里没有储蓄，那么你也提不出来，并且很难贷款，不如提早做好打算，该做人情的时候就得做。也就是说，帮助别人的时候就是在帮助自己。

想要在商场生存，就要扩大自己的人脉圈，那么就要先学会以真诚之心对待别人。如果你能拿出自己最大的诚意来，那么你将能够得到别人最大的回报。看到对方有困难的时候，如果真是朋友，那么一定要尽力帮忙，这是我们都知道的道理，如果你不帮忙，对方也就明白了他在你心目中的地位。

如果一个人在需要别人雪中送炭的时候得到了你的帮助，那么他会牢记一生。这是因为有你的帮助他才能够渡过难关，即便你只是尽了绵薄之力，他也会非常感谢，这才是真正的情谊。欢乐的时候，大家都能高高兴兴地在一起，但当你什么都没有的时候还能继续陪在你身边的人，那就是你最真实的朋友，是值得你一生相交的人。

美国有一位富商卢卡斯，当年，他的女儿得了一种怪病，病情非常严重。他寻遍了美国的名医也没有治好女儿的病，即使他很有钱，但钱买不回女儿的健康。因此，他天天在家中照顾女儿，并且仍然抱着有名医可以治好他女儿的病的希望。有一天，卢卡斯在报纸上看到一位来自瑞士的名医要来美国讲学，他曾经治愈过类似他女儿的这种病症。于是卢卡斯开始四处托人打听这个名医什么时候来美国，在美国哪个地方落脚，想用重金请这位医生来给自己的女儿看病，但他托了很多人去打听也没有得到回音。据说那个医生来美国的行程早已安排得很满，根本抽不出一点时间，卢卡斯有些失望了。

没过几天，天降大雨，卢卡斯在家里正为自己女儿的病烦心。突然响起了敲门声，卢卡斯开门看到的是一个被雨淋得狼狈不堪的人，样子矮矮胖胖的，卢卡斯问他有什么事，那个人说自己迷路了，希望可以借他家的电话用一下，找人来接他。卢卡斯本来就不高兴，看到这么一个无关紧要的人来借电话，当即就说："我的女儿正在养病，她不希望有人来打搅。"然后就无情地关上了门。

第二天早饭的时候，卢卡斯看见报纸上有一个专栏是关于那位名医讲学内容的，并且说那位名医已经回国，上面还附有那位名医的照片，卢卡斯吃惊地发现，原来那位名医就是昨天来他家借电话的人。如果自己昨天帮助了那个人，那么女儿的病情可能就有转机了，自己联系了那么久都没联系上的名医，昨天都上门来了，但竟被自己拒之门外，卢卡斯追悔莫及。

卢卡斯的经历告诉我们，没有帮助别人的话，受伤害的不只是对方，还可能是自己。虽然这种巧合不常见，但是我们不伸出援助之手的后果就是得不到别人的帮助。在茫茫人海中，有些人需要你的帮助，如果这些人主动找到了你，并且他们的请求在你的能力范围之内，那么你不妨伸出双手助对方一臂之力。帮助别人也是一种快乐，也许你未必能够得到别人的回报，也许当你得到回报要在很久以后，但至少你当时帮助了别人，得到了别人的那份感激。

丹森在美国有一家律师事务所，他当律师赚下了一些钱，于是他把这些钱都投进了股市，可是入市有风险，就在一夜之间，他的股票跌得分文不剩。后来他的律师事务所也因为他是移民而开不下去了，最终他关闭了事务所，成了一个无业游民。他什么都没有了，只好开始到处找工作。那段时间，美国经济低迷，律师事务所也很少招纳新人，他找了几个月也没找到工作。

突然有一天，他收到了一封来信，上面说某个公司希望他去做经理，并且公司老总要分给他30%的股份。这封信怎么看都像是一个恶作剧，但是尽管怀疑，丹森还是按照信上所说的地址去拜访了那位公司的老总。

丹森到了那个公司，看起来那个公司发展得不错，办公室装修得也很豪华。公司老板亲自接待了他，那个老板问丹森还记不记得他，丹森仔细想了想但还是没想起来，只好摇了摇头。那个老板便从抽屉里拿出了一张褶皱的纸和一张名片给丹森看，丹森发现这张名片是自己很久以前用过的，但他实在是想不起在哪里给过这个人这张名片了，而那张纸是一张5美元的汇票。

那位老板开口说话了："看来您真是忘了，但我永远也不会忘。在13年前，我刚到美国，找份工作很不容易，终于我应聘到了一家公司。那家公司限我一天之内办理好工卡，不然就不要我。我排了一天的队去办工卡，当排到我的时候，我才知道办理一张工卡要10美元，而我只带了5美元，可是如果不办，我这份工作就丢了，这时是您从后面递给我5美元，替我解了围。有了这张工卡，我才能留在美国，才有了今天这家公司。当时我向您要您的联系方式，以便将钱还给您，您当时就给了我这张名片。现在我知道您遇到了困难，我的这些成就其实都源自于您的帮助，如果在您有困难的时候我不出现，那我就太忘恩负义了。"

丹森听完已是热泪盈眶，并且后来他也留在了那家公司。

做好事能够让你受益无穷，上面这个故事就是最好的例证。虽然我们很难预料到别人以后的发展，但是帮助别人就是等于给自己拓宽人生道路，为自己积攒人脉，这有助于你以后前途的发展。

所以说，好人必有好报，满怀感恩之心的人在这个世界上还是占多数的。别人得到了你的帮助，你的这份恩情就会被他们深深记住，而当你陷入困境的时候就会得到他们的帮助。要把握人生的每一次机会，这是我们常常挂在嘴边的一句话，其实帮助别人就等于给自己一次机会，别人因此深感你的恩情，你也就获得了别人帮助你的机会。在你有能力帮助别人的时候，何乐而不为呢？

## 把谁都当自己人，你必然是最受欢迎的一个

在跟人打交道时，如果你能通过各种手段让对方把你当作自己人，必然会降低对方的防备心理，让对方对自己产生亲切感和信任感，这么一来，凡事都好说。

林苗苗是一家服装店的销售人员，人美嘴甜，是一个业绩非常优秀的员工。很多人都认为长得漂亮就是她的优势，所以使她卖衣服很顺利。

每次听到这些，林苗苗只是淡淡一笑，不作回应。

后来，朋友也问苗苗，她才道出了其中的奥秘。

"很多人在买衣服时，都会把销售人员当成讨价还价的'敌人'，跟你狠狠讨价。如果你能跟他们成为统一战线的人，那么机会就来了。"

苗苗说，之前她接待过一个跟她年龄相仿的女客户，说话非常刻

薄，很多人都不愿意接待她。

"你们店里的衣服怎么这么贵啊？孩子的衣服而已。"女人很不友好。

"现在孩子的衣服就是比较贵，我女儿跟你家孩子差不多，上个月我也给她买了这件。"苗苗这么一说，女人没再反驳。

"我女儿说这个牌子的衣服比较舒服，每次上体育课总穿这件。为了她好，我总给她买这个牌子的衣服。"

女人一听苗苗感同身受的话，立刻就降低了心理防备，开始跟苗苗说心里话："谁说不是啊，现在的孩子对衣服很挑剔，一定要买舒服的。"

"对，我也这么认为，我给女儿买了之后她可高兴了，看到她高兴我也开心。"

就这样苗苗跟女人成了"自己人"，苗苗又介绍了一些衣服的好处之后，女人二话没说就买了。

你把顾客当成自己人，他们就会信任你，你做起销售工作就无往不胜了。林苗苗把"自己人效应"运用得得心应手，工作自然也就越做越顺利。

事实上"自己人效应"指的是把自己跟对方归结为一类人，变成"同体观"的人的一种现象。

在你跟别人交往时，往往你们的关系越亲密，你的观念、立场就越容易被对方接受。如果让对方感觉你是自己人，就算是请对方帮忙，对方也会非常乐意。

这种说法不难理解，就好比我们都愿意跟喜欢的人交往，就算他有缺点也能适当包容；而反过来如果对方是你心里非常排斥、感觉陌生的人，你在无意识中就树起了防备意识，根本不愿意与其有过多往来，更别提相互帮助了。

"自己人效应"独有的特征是在某种特定环境中产生的，它具有可亲近性、平等性、相似性或互补性等特征。在空间环境中接触的次数多，彼此熟悉，就容易互生好感；性格相似、爱好相同也可以拉近彼此的距离；双方的需求、期望有关联，也是"自己人"的特征。

这种效应在生活中的运用也非常广泛，在交际中，很多人不知不觉都会用到，迅速拉近了彼此的关系，得到他人的信任，获得了自己想要的利益。

看到这里，相信很多人都特别想知道，具体要如何做才能成为别人眼里的"自己人"？

在日常生活中，我们不难发现，大家很容易把那些跟自己有共同点的人当作自己人。所以，在跟人交际时，首先要善于寻找彼此的共同点，让彼此有共同话题，这样才会为进一步的发展奠定良好的基础。

只要勇于交流，你肯定会找到对方跟自己的相似之处，比如人生观、价值观、个人喜好、处世态度等总有相似之处。在交流中，你要深刻强调共同之处，要多用"我们"，如此，对方才更容易被打动。

当然相似之处通常不是一次见面就能够发现的，你可以多创造见面机会，这样才能更好地发现。

除了多寻找共同点，最主要的是要懂得肯定对方、理解对方，从而建立情感上的共鸣。

陈芳是个刚毕业的学生，一毕业就在某家设计公司当了业务代表，她第一次去会见客户时非常紧张，自己一点经验也没有，怎么能完成任务呢？

在交谈过程中，她非常紧张，显然客户对她很不满意，一直在看手表，随时都有离开的意思。

后来，客户随口说了一句女儿的早恋问题，表示很头疼。陈芳忽然灵机一动，知道了要跟对方说什么。

"您的问题我也深感理解，我妹妹现在上高中，也开始早恋了。我妈妈知道了非常头疼，都动手打她了还是没用，两个人的关系可紧张了。"陈芳说得跟真的一样，其实她没有妹妹，只是想对客户的情绪表示理解和肯定，与对方找共同点。

事实证明，陈芳的做法是对的，客户没想到陈芳这么理解她，就开始大吐苦水，说了很多女儿的问题，两个人越说越投机，最后陈芳赢得了客户的信赖，成功完成了任务。

客户离开时，还跟陈芳保证，大家都是"自己人"，如果再有业务，一定会优先找她。

陈芳通过诉说自己相同的"经历"，表达了对客户心情的理解和认同，一下子拉近了彼此的心理距离，慢慢地，对方就把她当作了"自己人"。

当然，要想让对方把你当作自己人也不是件简单的事，你要从心里对别人的话感兴趣，只有感兴趣，别人才会感到真诚，对你的好感才会油然而生。总之，在人际交往中，想要别人信赖你，把你当作自己人，就必须表现出真诚，否则就很难取得真正的效果。

对方把你当作了自己人，他对你的态度会更友好，对你的话会更信赖。同样的一个道理，也许被别人讲出来对方会生气，但被"自己人"说出来更让人感觉容易接受，这就是典型的"自己人效应"。

所以，在人际交往中，我们不仅要有聪明智慧，还要善于发挥"自己人效应"，成为有影响力和受欢迎的人，从而更好地获得利益。

# 第十章　婚姻从来都不简单，
## 情商高过得才滋润

# 给婚姻加点料，让沉默的爱奏起新的乐章

婚姻有时候就像是一种另类的绑架，两个人在一起朝夕相处久了，就容易产生厌倦情绪。对这一点谁也不能否认，这就是所谓的审美疲劳吧。但是，有人认为朝夕相处，太习以为常了，就不用再珍惜了。这种想法就大错特错了。还有人认为求爱的时候，因为要得到他，所以要用各种方法讨他欢心，结婚以后就不需要了，这种想法也是不对的。

婚姻生活平淡是很正常的现象，居家过日子本来就不会天天有什么惊天动地的大事，但是甘于让日子平淡如水，就是婚姻中两个人的问题了。其实人们都是需要感情的动物，只需要一点小花招，就能将感情点石成金。有很多恩爱夫妻，成功维持婚姻的秘诀，就在于如何互相调适，让沉默已久的爱在婚姻中重新奏起和谐的乐章。

有一位50岁的女士，一个离婚不离家的人，或者说，是一个希望能从失败的婚姻中找到教训的女人。她在网上留言中说：

我的前夫今年53岁，当初我们结婚，我是出于找一个能帮我调动工作的人的目的，而他是为了听从他父母的安排。

我们是通过别人介绍相识的，就这样"恋爱"了两年。说心里话，两年里我对他还是产生了一些感情的，所以，在我的要求并没有落实的情况下，我们就走向了婚姻。婚后一年我们育有一子，我和孩子住在我妈那里，他隔些日子就会来看看我们娘俩，我也没感觉怎样。

那个时代，谈恋爱的话题都是关于工作的，我们对其他方面也没怎么关注过，再加上我自理能力强，所以婚后我几乎承担了家庭里的所有事情，而他总是忙于工作，我对他也没有要求。我在两年前退休，这样时间也多了起来，我开始注重生活的品质了。也就是在我退休后的这段日子里，我才发现他原来是一个没有生活情趣的人。由于刚结婚的时候我俩在一起的时间短，相互都了解不深，日子还勉强可以过。但是也有许多矛盾，三句话不过他就提离婚，由于孩子小顾虑比较多，所以我一直在委曲求全。

就这样过了十几年，我们的家也总算稳定了下来，我心里也算是踏实了，但我觉得我们的婚姻真的是越来越不协调，他对我越来越冷漠，他甚至连看都不看我一眼，我相信他并没有外遇，但是我却不知问题出在哪里。

后来因为生活中的一件小事，他又跟我提出离婚，我最终同意和他协议离婚。房子他给我，但他在离婚后并没有离家。

这并不是我想看到的结果，我还是希望这个家是完整的，直到现在我还尽量满足他生活上的一切需要，也希望我们彼此能多一些沟通，但是做到这一点很难。我现在患上了抑郁症，我已经不堪忍受这样的折磨了。

很明显，在上面的婚姻中存在不和谐的元素，他们彼此并不知道爱是什么，甚至为什么选择婚姻都没有仔细思考过。婚姻就像建造房屋一样，地基都没有打好，最终的结果只有倒塌。怎样才能打好这个"地基"呢？"爱"就是这个地基，选择"条件""需要"去打地基，只会造成大厦将倾的结果。上述事例的当事人，因为没有深入彼此的心灵，没有用爱来滋养彼此，所以他们的婚姻不具备任何抗震能力，甚至都经不住风雨的吹打。这位女性的内心深处受到了很多伤害，为了维持"家"的圆满，这么多年来，她承担了那么多的责任，付出了女人最宝贵的青春，但得到的是丈夫的不解和离婚。其实在这桩婚姻中，男方也并不快乐，两个人的内心都很孤独、寂寞，彼此都很痛苦，但彼此没有能力进入对方的心灵，因为没有爱的元素。这个缺少了爱的滋养的婚姻，必定会影响到亲子关系。

因为他们婚姻的基础不是爱，所以也就谈不上"会爱"了，而他们的孩子在缺少爱的家庭中长大，内心一定有"我不够好"的念头，而如果父母双方有一方又在那种父母说了算的家庭里长大，则又会让孩子受到"我应该……"这种"紧箍咒"的影响，即使为此感到疲倦却仍然无法放松。结果孩子就成了极度追求完美的那种人，不但对自己这样要求，对别人也以这个标准来衡量，给自己和他人带来压力不说，连未来婚姻生活都受到了影响。父母这样的情感模式必定会被孩子所延续，如果父母不懂得爱自己，那么就请教会你的孩子爱惜自己吧。

太多的人是茫然走进婚姻的，结果必定是大失所望，轻则生活质量受到影响，重则出现婚外恋、离婚等现象。婚姻需要爱。如果因为婚姻生活的平淡无奇而失去激情，最终对家庭和爱人都感到厌倦，那么受到影响的绝对不只是自己一个人。婚姻的本质就是爱，在婚姻中，我们需要时时为婚姻保鲜，需要将爱大声地表达出来。为什么不用爱给婚姻添点生命力呢？要知道唯有如此，才能让我们的婚姻永远稳如泰山。

# 适当的危机感，也是一种婚姻的保鲜剂

当陷入恋爱时总有一些人在说"爱你到永远"，又有另外的一些人在问"永远到底有多远"。在爱情的发展变化里，两人之间的相处可能越来越好，感情随着时间的沉淀而越来越深；也可能彼此之间越来越冷淡和厌恶，在抱怨和不满中将就着过日子；甚至还可能反目成仇、劳燕分飞。想要婚姻状况良好，就需要恋爱的双方不断地为这份感情加分，让它保值升值，方能推动两人的爱情朝着良性方向发展。

有一位妻子深有感触地说起自己的婚姻。从结婚的第一天开始，丈夫总是习惯于对她说："你快去做饭吧，我已经饿了。"等她辛辛苦苦将做出来的饭菜端上桌时，丈夫不是挑剔她炒菜的手艺，就是嫌弃菜肴的搭配不合理。妻子觉得很委屈，但从小在母亲那儿受过的传统美德教育让她没有争辩，而是暗下决心：下次争取做得更好。这样持续了近半年。有一天，当丈夫又提出要她去做饭的要求时，妻子突然大声质问："为什么不是你去做饭？"丈夫很吃惊。接着，他们发生了争吵，而且冷战了一个星期。后来，他们有了一个约定：谁先到家，谁去做饭。妻子单位离家近，事实上，妻子做饭仍然是大多数，不过，这以后，丈夫的挑剔少多了。妻子说："其实，做两个人的饭也不是什么特别重的活儿，我只是让他知道做饭不是我的职责，他也应该负责。他如果不能去尽职，至少不该抱怨，我保护了我自己。"

可见在婚姻中当大家已经习惯一种模式时，要改变它是很困难的，而且有时候，模式的改变还会给当事人带来伤害。但是，如果不能改变这种没有界线的模式，它带来的将会是更长久的伤害。婚姻本身有惰性，杜绝婚姻的惰性，必须给对方一点危机感。比方说当一个人和另一个人说："给我一些时间。"那么在那段时间里，另一个人的每一刻都应好好表现。正因为他们相处的每一天都充满了危机感和不确定性，所以，每次离别都像是分手，每次见面都会让他们觉得无比幸福。

小舒大专毕业就走上了社会，刚毕业那会儿还是个小女孩的心态，整天疯狂工作，疯狂逛街，疯狂购物。可是自从结婚后，就变得收敛了许多，用她的话说："老公是研究生，我有危机感啊！"小舒所谓的危机，其实是害怕在学历上与男友有差距，唯恐将来没有共同语言。于是，她放弃了疯狂购物的嗜好，腾出很多时间，报考了专升本的补习班，"升了本科后我还要考研"，这是小舒当初的誓言。

而小舒的丈夫却是书生气质，言谈举止中没有丝毫傲气，从来没有让小舒感觉彼此之间有多大的差距。但小舒还是坚持自己的观点，乐此不疲地学习着。日子顺风顺水，可是小舒的学业却丝毫没有长进。"也许是毕业太久了，根本就看不进书，挂科挂了好几次，补考费也没少交。"朋友们劝她，你们都结婚了，你干吗还这么折腾？看你们现在的感情不是很好吗，干吗还去弥补彼此学历上的差距啊？可是小舒死活不干。她说："他也说过让我别再考了的话，他说他根本不在乎这些。可我不，我觉得爱情就应该是双方平等的，虽然在一起生活了几年后，我也感觉到大专生和研究生的学历并不是感情的障碍，但我还是想通过自己的努力能够赶上他。"小舒说，现在他们家晚上的情景经常是：他在

电脑前写文章，听音乐；她在书房里埋头苦学，遇到难题，她就会向他
请教；他常常会悄悄削一个苹果放在她的书桌上，以示鼓励。

其实只有给对方危机感，对方才会用自己的追赶表达着自己的爱。婚后
的你有没有因为"反正有人要了"而疏于外表形象的管理？有没有想过自己
正变得越来越唠叨、越来越邋遢、越来越庸俗，再也不像青春年少时那样单
纯明媚、保持对生活旺盛的热情和好奇？

不妨给你的伴侣增添一点危机感，这无疑是一种婚姻的保鲜剂，通过这
种保鲜剂，夫妻双方一定会更懂得如何去捍卫自己的婚姻，更懂得如何给婚
姻生活补充和添加新鲜营养。

可是制造危机要适当，不要让危机感太大、持续的期限太长，否则会让
对方承受不起而选择离开。因为，在婚姻中安全感和危机感是相辅相成的。
危机感就像一只风筝，收缩自如。给对方一点酸的同时，也不要忘了给他一
点甜。有时和你的伴侣保持距离，是为了让他能够品尝到思念的滋味。过于
紧密的关系并不利于婚姻的发展，它会让婚姻过早地步入疲劳期。适当保持
距离，不仅能让双方体会到当初那种怦然心动的感觉，对婚姻也能起到保鲜
作用。此外，危机感还来源于很多方面，如你的学历、谈吐、性格、修养、
魅力、经验等。

当你的婚姻因为危机感而产生了华丽的美感时，感谢自己吧！适度的
危机感是一种恰到好处的提醒，它会提醒你的另一半多重视你一点，多爱你
一点。

# 两个人的婚姻，并非只靠爱就能维持

恋爱的时候我们可以只谈感情，但是，真到了结婚这一步，很多现实的问题我们无法逃避。有句话说得好：钱不是万能的，但没有钱是万万不能的。在这个物质生活越来越优越的社会，想做点什么都离不开钱。一家人要想生活得无忧无虑，很重要的一点就是要做好财富规划。只有在该用钱的时候不愁钱花，让自己家庭的小金库充盈起来，才能最大限度地保持家庭的和谐。

不过很多小夫妻会这样想："刚刚结婚，两个人的资产几乎归零，理什么财啊？"其实，理财不仅是针对现有收入资产的配置，还包括以前的和将来的资产的规划。比如，何时能拥有属于你们的车、房；比如，你们是否也能投入股票、基金，赚取更多的额外收入，等等。只要夫妻双方心往一处想，钱往一处聚，家庭财富得到很快的增长就不是梦想。

结婚可以证明男女双方的成熟，意味着昔日的孩子已经独立于这个社会。对于财富的规划不但让小两口对家庭更有责任感，更让他们懂得并学会运用一些必要的理财手段来稳定和壮大自己的家庭积蓄，增加小家庭自身的抗风险能力。

艾明和张瑶是"80"后的典型代表。自从他们结婚后，双方家长不管从财政支持，还是生活方面都依然对他们照顾有加，于是这小两口踏入了真正的"月光啃老"族行列。有一次朋友聚会，张瑶听朋友说起他们家的财政计划，这样一算，20年后朋友家的钱比自己家多出几倍，这时她心里开始痒痒的。晚上，张瑶坐在电脑桌前，仔细算了一下，明明两人每月工资几千块，日子虽然过得还算滋润，但是，父母经常还要贴补他们，信用卡每个月还需要还最低还款额，很多时候自己和丈夫总是把钱花到没用的地方。之前，张瑶一直觉得钱无缘无故地就不明去向是因为两人挣得少。可是，朋友夫妇也是同样的工资水平，日子却过得比自己还滋润殷实，甚至现在就已经有了属于自己的积蓄。通过这次沟通，她才知道原来朋友是靠合理的理财，让他们生活得很富足，也让钱生出更多的钱。

　　张瑶仔细回想了一下，艾明婚前还有10万元的个人存款。她决定将这些钱进行合理利用，因为不用买房、买车，张瑶筹划几天后，和艾明商量了一下，他们就决定拿出其中5万元用于储蓄，2万元用于购买国债、央行票据等低风险的理财产品，1万元购买了商业保险，剩下的2万元作为日常的流动资金使用。此外，两个人在交完各自保险、公积金后每月还有8000元左右的薪水，除去必需的生活费用，每月余下的3000元一半用于基金定投，一半存入银行。就这样张瑶很认真地制订了家庭的财政计划。

　　关于理财，张瑶选用的方式是存款加投资。首先，为保证不受生活中突然变动的影响，他们建立了一个应急活期账户，将每月收入的四分之一投到了应急账户里。此外，使用银行卡来执行家庭理财是必要手段，而且尽量选择一家银行，这样做的最大好处是便于管理，而且当家庭存款达到一定数额时，银行还会提供贵宾服务。在家庭资产不断增加的同时，投资项目也得到了丰富，有存款，有股票，还有黄金、期货等，多配置几种，在规避一些风险的同时，也能得到很高的收益。如此一来，一个理财计划就比较完善了。

新婚夫妇的出身各不相同，双方家庭背景、生活习惯的不同，造成了他们以自我为中心的生活方式。婚前你侬我侬的时候，财务问题可能并不尖锐，可是结婚之后，家庭生活中方方面面与钱打交道的机会多了，如若不能妥善应对，摩擦就会接踵而至。

要想让问题得到解决，首先，新婚夫妻要调整好心态，把个人生活状态调整到家庭生活状态中来。有了"我们"这样一个概念，夫妻双方在遇到财务问题时就不会光考虑自己的利益了，而是更加容易从大局出发，体谅和理解对方。其次，理财要考虑到以下几个方面，量入为出，对症下药。

1. 保险规划

为了较早地防范家庭成员一旦出现意外、重大疾病，或者家庭财务状况发生较大变故需要大量的财务开支而造成家庭生活水准的下降，可以通过保险这一避险工具来规避和转嫁经济生活中的风险。

2. 买房、买车也同样需要提早进入理财规划

在什么阶段拥有一辆自己心仪已久的家庭代步用车呢？什么时候能有一套属于自己的房子？理财就是如此，有了具体的目标，才可能制定出有针对性的规划方案。

3. 投资风格

家庭理财也必须结合家庭的风险承受能力和个人的风险偏好选择恰当的投资风格。

4. 留足备用金

最少要留足家庭3个月至6个月日常开支所需金额，可以选择银行存款、货币型基金等变现能力较强的投资方式，以备不时之需。

做一份比较切实的经济规划是每对夫妻都需要完成的婚姻中的重要的一项任务。据某大学的一项研究表明，如果因为钱财问题导致夫妻之间经常争

吵，那么这样的夫妻离婚的概率是相当高的。然而，事实上，你和你的爱人如果理财得当的话，你们之间的感情也会因此而增进。如果你和你的爱人在处理财政问题上能进行有效的团队合作，那你们的关系必将更进一步。

理财固然是为了生财，但理财的根本目的却不单单只为了赚钱。它的真正要义在于，合理地分配资产，让自己有科学的消费观，在拥有同样多资源的基础上，获得更多享受优越生活的机会。通过合理地利用固有的财富，我们可以提前达成各种生活目标，保障一生生活得自由、自主和自在。只有我们真正做到了以上几点，才能切实有效地保证我们的婚姻生活趋于稳固，永远都不会因为钱的事情而伤了和气。

# 即使结了婚，也不能停止对美的追求

很多女人在结婚前十分注重穿着打扮，总是给人留下自己最靓丽的一面，但是婚后，这些女人就渐渐变得懒散起来，常常随便把头发一绑，对衣服也不经过挑选，随意选一件就出门了。

婚后的女人，因为不去照镜子，所以她们看不见自己的头发就像鸟窝一样，没有发现眼角的皱纹越来越多，她们更不可能发现她们服饰搭配的问题。

丈夫们从未放弃对美的追求，可妻子们却停止了对美的追逐。当女人们一再抱怨丈夫对自己的关注度不够的时候，当女人发现丈夫有了外遇的时候，请静下心来想想，难道都是丈夫的错吗？为什么自己从没有满足过丈夫的眼光需求？

如果你已经足够贤惠，那么就再努力把自己变得更美一些，这样你的男人才会宠爱你一生。

45岁的秀依结婚已经20年了，但结婚这么多年，秀依和丈夫还像以前一样恩爱有加。

丈夫常常加班，一般情况下，秀依先是自己吃一顿饭，然后等丈夫下班之后，再陪丈夫吃一顿。为了让身材保持苗条，她通常都要在饭后一个小时做运动。因为饮食十分规律，即便吃两顿晚餐，也没有让秀依的身材变得臃肿。

秀依很会化妆，就是周末休息在家，她也会化淡妆。朋友问她，都这么大岁数了，化妆让谁看啊？秀依笑着说："当然是让我丈夫看了。正是因为岁数大，我看自己的脸都难受，更别说我丈夫了。他肯定不希望自己的妻子是个黄脸婆，所以化一下妆也会让我变得更有自信一些。"

秀依平时和丈夫外出最注重自己的笑容，总是将自己精神状态最好的一面展示给大家。看着这么光彩夺目、气质优雅的妻子，丈夫心里自然是高兴百倍，也会觉得自己更有面子。

在朋友的眼里，秀依这样活着真是太累了，但是她们又觉得秀依这样做是有一定道理和价值的。所以，秀依和丈夫走过20年的婚姻生活依旧像以前一样恩爱有加，真是让旁人羡慕不已。

人们常说女人在恋爱中最美，在婚姻中变得憔悴。很多已婚女性都这样想过：既然已经结婚成家了，就没有必要再费心机去吸引丈夫的眼球了。这些已婚女性就开始变得"抠门"起来，不再买漂亮的衣服和化妆品，更加不注意自己的言行；加上结婚后的生活重担，最终在飞逝的时光中，慢慢变成了"黄脸婆"。

为家庭做出牺牲的妻子，她们的结局有两种，一种是得到丈夫的尊重和爱，一种是换来丈夫对自己的背叛。那些走上背叛之路的丈夫们都爱用这样的词语来形容为家庭做出牺牲的妻子，例如像"黄脸婆""丑八怪""愚蠢的女人"等词语。

对男人产生很大影响的要属女人婚前婚后形象上的差异了。虽然人们总说"家有丑妻是个宝"，但是，男人并没有把"丑妻"当作宝，"丑妻"对于男人而言很安全，但是对于女人而言就没有那么安全了。当一个女人渐渐失去她的魅力，逐渐变丑的时候，她在婚姻中的地位也就岌岌可危了。男人总说你的容貌并不是他在乎的，但当你变得美丽的时候，他们也不会不习惯，反而觉得这是一种惊喜。

在《家有喜事》这部贺岁电影中，吴君如所扮演的妻子是最贤惠的，一家老小都要靠她。她好像超人一样，光是一餐早饭她就能做出五个人的口味，家人想吃什么，她都可以立即去做准备。

可是这位贤妻，在穿着和打扮上真的是不敢恭维，整日蓬头垢面，穿衣打扮很不讲究。丈夫带她去高档场所享受，她却嫌贵，最后把老公拉回家。

最后她发现丈夫有了外遇，而丈夫给出的理由竟然是自己没有情趣，没有形象，两人最终离婚。受到离婚的打击后，妻子终于有了觉悟，她决定要转变。她"摇身一变"，竟然成了一位艳丽四射、高贵优雅的贵妇。再与丈夫相遇时，丈夫也感叹前妻的变化，丈夫突然觉得自己还是爱着自己的前妻，而他一生最适合的伴侣也非前妻莫属，因此，他开始反追前妻。

一位丈夫曾这样说过："婚前，她的头发很漂亮，可能是我有长头发的情结，所以，她那时候故意迎合我，留了长发，真的是太美了！那个时候，我常常会忍不住去亲吻和抚摸她的长发。甚至那个时候，我一度认为她都可以去做洗发水的代言人了。可是结婚后，她就剪掉了长发，留成了短发，说是这样好打理。虽然她短发也好看，但我终究还是更喜欢她长头发的样子。"

婚前，素颜也许会吸引住男人，那是因为有年轻"打底"，但婚后，当女人失去美丽的时候，因为有了家庭让自己忙于家事而疏于打扮，因为生产而让自己的身材走形，丈夫如何会对这样形象的你宠爱呢？因此，女人想要幸福，秘诀不仅仅是做一位贤妻，还要懂得如何把自己打扮成一位"美妻"。

变身"美妻"，是需要一些外在的东西来修饰自己的，得体的服饰、适当的妆容、优雅的仪态都是应该注意的。

这个世界上根本就没有丑女人，变丑的原因只有一个：那就是她懒得打扮自己。只要女人肯为自己的形象付出一些辛劳，那么，她的形象肯定会大有改观。

从容地去应对家务，你不必天天化妆，但你应该有一套适合自己的护肤品，懂得护肤，懂得保养自己；你不必天天把心思都放在穿衣购物上，但你必须牢记在适当的时候，一定要给自己添置一些适合的衣物。经常做运动，或是学学跳舞，练练瑜伽，这些都对你的形体保持有所帮助，还能让你变得更有气质。

女人投资给外貌和气质方面，其实就等于是为爱情做投资，这样做，无疑会让你的婚姻生活变得更加和谐、幸福。

# 在婚姻中相互抱怨，不如培养相同的兴趣

生活中，我们总是听到很多妻子埋怨自己的老公："你整天就知道看世界杯，什么也不干，也不理我……""今天别去打球了，好不容易盼着个休息日，陪我逛街去……""就知道看体育新闻，整天不思进取，你看人家……"诸如此类的话都是抨击老公爱好的说辞。而且大多数女人也知道这样的埋怨只是隔靴搔痒，根本不起作用。有时候与其去抱怨、管制男人的兴趣，不如和他培养共同的兴趣爱好。

在生活中，男人要面对家庭、事业等诸方压力，聪明的妻子都懂得给丈夫一些私人空间，尊重对方合理的爱好，培养夫妻间共同的爱好，这样才能加深夫妻感情。

秦媛和丈夫分居了，他们的关系已到了水火不容的地步。朋友们纷纷来劝，两人都大倒苦水。秦媛说自己命不好，当初和老公结婚时，她家里强烈反对，可她那时就是因为老公对她特别好，才冲破一切阻力和他在一起的。可是现在，她却对老公充满怨恨。

她说，老公常忽视她，平常哪怕和朋友说说笑笑，也不愿意回家多和她说一句话，而且老公经常组织一些好友野外郊游，根本不愿意花时间陪她……这些都让她觉得自己在老公眼里一文不值。

但秦媛的老公杨立却表示，刚结婚时，他对秦媛非常好，但后来她却变得非常自我与任性，不愿意接纳他身边的朋友，更不欢迎他的朋

友到家里来玩。杨立说，结婚以后，秦媛就越来越多地干涉他的私人空间，他说自己的领地在婚后被一点点地侵略了。

男女之间本来就爱好各异，就拿看电视来说：新闻、体育、经济等方面都是男人比较关注的，女人则喜欢看综艺、爱情故事等。男人喜欢运动，女人喜欢文艺；女人喜欢逛街，男人喜欢网游。如果夫妻之间没有一项共同爱好，那么，这样的婚姻是悲哀的。所以，夫妻之间一定要寻找一项彼此都喜欢的爱好，这样才能让婚姻生活变得更加和谐。

夫妻之间如能培养共同的兴趣爱好，彼此之间的感情不仅更为融洽，这样做，夫妻之间也多了更多相互沟通、情感交流的平台。

霏霏的老公特别喜欢打台球，每次下班后都喜欢到台球室与人切磋。为此，霏霏经常数落老公下班后都不陪自己，而且她觉得台球室是一个流氓聚集的地方，老公不应该去。

后来听朋友聊天的时候，好多人都说自己的老公爱打台球，玩过的都觉得很有兴趣。听说霏霏从没玩过，都怂恿她去试试。霏霏磨不过，于是忐忑不安地去了。

静静的台球室里，只听到清脆的球杆与球、球与球之间的撞击声，角度的核准，母球的位置预留，力度大小的掌控……霏霏发现，原来台球也是一项挺优雅、智慧、技术的游戏，只是被有些人弄得乌烟瘴气而已。后来在老公的指导下霏霏的球艺变得娴熟，有的时候别人打不进的球，霏霏轻而易举就可以打进。

从那以后霏霏就经常和老公切磋球技，不仅仅是因为她觉得台球有趣，更是因为在和老公切磋的过程中能够增进彼此的感情，比一个人傻看着老公玩有趣多了。

　　共同的兴趣爱好是幸福婚姻的催化剂。女人们不要总是埋怨老公专注于自我的兴趣爱好，而忽视了你们的感受。每个人都有自己喜欢的消遣方式，与其花时间去郁闷，不如加入老公的兴趣中去。只有当夫妻间有了共同的爱好和兴趣时，你们才会有更多的谈资，才有机会让你们的爱变得更加甜蜜，婚姻生活更加幸福长久。

　　夫妻间应怎样培养共同的兴趣爱好呢?

　　首先，夫妻间应该彼此诱导对方建立和自己一样的兴趣爱好。夫妻之间共同的情趣爱好是建立在彼此有意识渗透的前提下的，久而久之，彼此才能建立共同的兴趣。

　　其次，了解、学习彼此间的爱好。如果对对方的兴趣爱好不了解的话，可以主动先了解对方的兴趣爱好所在，达到自己兴趣增强的目的，使夫妻之间产生更多的交流。教的一方也应该更具耐心，让对方在学习的过程中能更好地了解到自己的兴趣爱好。

　　最后，互相尊重。对对方与工作相关的专业兴趣和有关实用、艺术、娱乐的业余兴趣应当表示理解和支持，不能讨厌甚至埋怨对方正当的兴趣。

## 婚姻有时像幅画，就得站远些欣赏它的美

　　婚姻犹如一幅作品，当你离得太远去观摩的时候，会看不清楚;而当你放得太近了，也会失去作品真正的艺术效果。只有拿捏得恰到好处，才能尝出个中滋味。

　　在热恋阶段，由于没有生活在一起，且每天相处之时，男人只会表现出

自己优秀的一面，隐藏自己的缺点，所以使得对方会觉得自己的伴侣是完美的。常言说得好，恋爱就像一场追逐捕猎的游戏，你既是猎手，也是猎物。你会使用浑身解数展示自己的优点，犹如孔雀开屏、黄莺妙曼的歌声，都是希望吸引住对方，把他（她）牢牢地抓在手心。初恋时的若即若离、时聚时散，总是让人魂牵梦绕，遐想联翩。这也是为什么初恋总会给人留下美好回忆的原因。

可当男人结婚之后，就是另外一回事了。两人共同生活在一个屋檐下，每天所想的不再是那些美好的童话生活，而是柴米油盐这些琐碎的小事。同时因为每天朝夕相处，对方的缺点也暴露无遗，自己的伴侣已经不再是自己幻想中那样完美了，一切不再是雾里看花、水中望月。热恋期间，她的任性和天真，都让你感到她是那样单纯可爱，可婚后同样的事情会让你觉得她是一个长不大的孩子；热恋时他的不拘小节，如今在你眼中也会成为邋遢懒惰。

俄国作家赫尔岑说过一句至理名言："人们在一起生活太密切，彼此之间太亲近，看得太仔细、太露骨，就会不知不觉地，一瓣一瓣地摘去那些用诗歌和娇媚簇拥着个性所组成的花环上的所有花朵。"今生的同床共枕，是几世修来的缘分，夫妻双方应该为此感到开心。但同时也不要时刻都黏在对方的身边，要给彼此留有一定的个人空间，使得各自都有一些自由，这样既保持了双方的神秘感，也可以使得婚姻的马拉松完美地到达终点。

刚结婚时，虹常常要求丈夫陪她，陪她一起散步，一起打球，一起看电视，即使是丈夫不喜欢的节目，虹也要他陪自己看完。因为虹认为相爱的夫妻就应该这样形影不离、亲密无间。那时丈夫离开虹哪怕一分钟，虹都会紧追后边问："什么事？"或者是"到哪儿去？"

虹的过度依赖，很快便使丈夫难以忍受，于是丈夫下班后总是在外面待一会儿再回家。即使是在家里，他也总是很晚才睡，他希望虹睡了以后，自己可以安安静静地上网或者是看电视，享受独处的静谧与放松。

丈夫的做法让虹感到很受伤害，她气愤地问丈夫："为什么要有意疏远我？"

丈夫沉思了一会儿，回答说："平常在外面，每当一有和朋友聚会的念头，我就会想到你的习惯，于是，我就马上打消了这一念头。老婆，你知道吗，你的过分关怀几乎快让我喘不过气来……"

虹听后顿感不妙，她可不想因为自己的过分关怀影响夫妻感情。于是，虹赶紧做出保证："从现在开始，我们要做到亲密而有间，让你的身心像婚前一样自由。"

"真的假的？"丈夫用怀疑的语气问道。

虹用极其肯定的语气回答说："当然是真的！"

丈夫感激地将虹拥进怀里："宝贝，好好给我当太太吧！这一地位已经够尊贵了，何必还要费力不讨好地兼职当保姆呢？"

从此，虹不再要求丈夫把所有的业余时间都留给自己，丈夫下班回来后如不主动汇报一天的活动详情，她也会收敛起无穷的好奇心，不会追根究底地问个清楚明白。

终于有一天，虹的丈夫在客厅踱来踱去，他忍不住问："奇怪，你怎么不问问我最近都干了些什么了？"

虹暗自偷笑："我当然想听，但是不包括你不想说的那些。"

就这样，虹"以退为进，以守为攻"，终于赢得与丈夫共享秘密的权利。

夫妻彼此相爱，并不意味着业余时间都要在一起活动，更不意味着夫妻双方的"合二为一"，而应该给对方留一些空间和自由。否则相处时间越久，夫妻之间的依赖性也会越强，以致自己丧失了单独活动的能力——妻子不会开罐头、丈夫不会挑选领带。当妻子生病的时候，丈夫就会手足无措；当丈夫出差的时候，妻子就感到孤独无助。

更糟糕的是，"合二为一"的生活，限制了对方的独立性和个性的发展，这样无疑会伤害对方的情感，那么这种亲密关系最终会导致情感危机。心理学家曾对长期黏在一起的夫妻做过调查，结果发现有些夫妻常为爱人对自己关照得过分而恼火——丈夫抱怨妻子关照、过问太细或是唠叨太多，自己缺乏安静的时刻，自己是"妻管严"；妻子则埋怨对方什么都要问，什么都要管，自己没有一点空间，称丈夫是"大男子主义"。

诗人契诃夫曾把爱妻比喻为月亮，但他却不愿爱妻夜夜出现在他的房间。有人戏称夫妻最好"等距离相交，远距离相处""距离产生美"，这话不无道理。就像冬天的两只刺猬，接近了会伤害到对方，分得太开又取不了暖，夫妻还是亲密有间、若即若离为好，这样做在一定程度上可恢复恋爱时的那种美好感觉，增加夫妻之间的依赖感。

何况，夫妻两人都给对方留有空间和自由的同时也解放了自己。因为一颗心不用系在对方的身上，你有了时间去和朋友、同事聚会聊天，或去充电学习，或去美容健身，每天衣着光鲜……慢慢地，对方开始担心，你怎么不在意他了？他的目光开始回转到你的身上。亲密有间的魔力就是如此，他看到了你的风景正是因为你挪出的那段空间和拉开的那段距离。每个人都会有审美疲劳期，习惯了一些美景就觉得那不再是美景了。

# 婚姻需要经营，成本就包括浪漫

美也许有一些先天的成分在里边，但浪漫就全是后天的功夫了。怎样在飞逝的时光中保持自己的激情和青春？浪漫的"润物细无声"就是最好的方法。

婚姻就像瓷器一样易碎，但浪漫可以像黏合剂一样把它黏合得天衣无缝；婚姻也像是经营生意一样，成本就包括浪漫，有了浪漫，它会给你带来翻倍的效应。聪明的女人总是懂得在生活中处处制造浪漫，每天都给婚姻生活注入活力和新鲜感。每一个浪漫都是一份惊喜，它也许并不起眼，但是却能抓住对方的心，让他更爱你。

有一对年近半百的夫妻，结婚多年，感情依然非常好。妻子经常会和老公做一个游戏，那就是将一个写着单词"shmily"的卡片悄悄藏在家里的某个角落，比如衣柜的角落里、厨房的碗柜里、卧房的床垫下，都有它的身影。当老公偶然发现这张卡片，就会会心一笑。他们的孩子觉得这就像是一个寻宝游戏，非常好玩，但是孩子们并不知道这个单词所代表的意思，夫妇俩被问到时也总是笑而不语。但孩子们隐约觉得，爸爸妈妈之间的感情如此好，一定与这个游戏有很大的关系。后来，孩子们知道这个单词其实是"让你知道我有多爱你"的英文缩写。

婚姻好比商品，如果你不对它做维护、保养，没有了当初购买它的那种新鲜感，即便东西再好，早晚也会有出问题的一天，到那时，再想到售后服务，已经晚了。

女人想要赢得幸福，必须懂得如何经营婚姻。其实说白了，婚姻之道就是二人的相处之道，而如何去爱就是这相处之道中的关键。只有懂得如何去爱，才能将婚姻经营得生机勃勃，这需要女人掌握做妻子的艺术，懂得随时制造浪漫的女人才是最聪明的女人，也是最有女人味的女人。

婚姻就像是在浪漫与现实中交错穿行一样，没有固定的模式，只要你感觉到踏实和幸福就已经足够了。共同奋斗、兢兢业业并不是婚姻旅途中的唯一。浪漫是串起幸福之珠的线索，婚姻不是浪漫的终结。

婚姻就像是两人一起出海航行，彼此关怀、体贴、依赖、鼓励……不时地浪漫一下，会让平淡的航程平添几分精彩。

你平时可以偶尔制造点浪漫和激情，令你们的婚姻生活更有生气，让爱情之树历久常青。发挥你的智慧才能创造出激情和浪漫，举例来说，就像二人世界的烛光晚餐，把写好的甜蜜卡片提前放在对方枕头上……记住：魅力四射的人懂得在婚后制造浪漫，享受浪漫。

## 两个人的婚姻，不能过多强调一个人的付出

经常听到一些久在围城里的女性朋友们抱怨："我就像一只陀螺，从早上开始就一直围着他转，围着孩子转，然后就转到单位里，晚上回来还要在一大堆家务里打转，你说，我一天天容易吗？就这样，他还不满意，嫌这嫌那。"

人际交换理论是社会心理学中的一种理论，这种理论认为，人与人之间

的关系，是以一种类似于商品交换的规则为纽带的。而我们每个人心中也有着一杆秤，衡量着自己的付出和收获。这一原则，同样适用于夫妻关系。人们之所以经常会产生这样或者那样的对另一方的抱怨，是因为在自己倾其所有为这个家付出的时候，实际上他们也期待着对方给予自己同等的回报，一旦觉得对方的回报没有达到预期的"量"，他们就会感到失望，抱怨由此产生。而且，不仅是"吃亏"方感觉不好，其实，"占便宜"方也感觉好不到哪去，尤其以那些关系亲密的夫妻为例，总"占便宜"的一方更容易让自己产生压抑和负罪的心理。因为一方付出太多，另一方似乎就没有了价值，没有了成就感。在所谓的舒适中被动生活，就会产生压抑心理，因为不会心安理得。婚姻就像一杆秤，付出多少都明明白白地标在了秤杆上……于是，夫妻间的爱就靠着这杆秤的平衡维系着。但是，倘若一方付出少了，一方得到多了，婚姻这个时候也就亮起了红灯。

有句话叫"善良的最高原则是保持受施者的尊严"。这句话放在婚姻里来说，就是"不要太强调你的付出"。说多了，对方会烦、会有压力、会觉得你是在施舍。你又何必做些出力不讨好的事呢？如果他看到了，你的付出自然会有价值；如果他看不到，你说再多也没用。

晓萍原本是个幸福的女人。大学毕业时如愿嫁给了自己的男朋友，跟他结婚生子，日子平静顺利得让人美慕。而她，也从来没掩饰自己的幸福。

可是，这段让人交口称赞的婚姻突然间像失去了藤蔓的牵牛花，在一夜间迅速地垮掉了，听者无不惊奇感慨。其实，毁掉这段婚姻的不是别人，正是晓萍自己。

丈夫家境贫寒，当初创业时用了晓萍娘家20万。好在丈夫也争气，不出几年，不但挣回了本钱，还把事业发展得很大，生活越发有声有色。而丈夫一直忙于扩张事业，家里的事都落到晓萍头上。晓萍一边照顾孩子，一边忙着自己的工作，还有两边的老人。虽然很累，但是想到丈夫、家、孩子，又觉得非常幸福。但她又要忙工作，又要照顾家，精力明显不够。晓萍跟丈夫商量过后，把工作辞了，做了全职主妇。

　　开始的时候倒也不错，但慢慢地，晓萍看着光芒尽显的丈夫，心里总会产生一种难言的恐慌。特别是跟他一起参加一些社交场合时，晓萍看到一些年轻漂亮又野性十足的小姑娘，毫不忌惮地表示着对丈夫露骨的兴趣，她心里就像压上了块大石头，沉重得喘不过气来。她们正是大好的年华，而自己却是个终日待在家里看家、照顾孩子、伺候丈夫的黄脸婆。

　　一害怕，她的行为就有些失常。晓萍开始无端地怀疑丈夫，回家太晚就会神经质地追问他去了哪里。丈夫累了一天，一有点不耐烦，晓萍就会恶狠狠地甩上一句："你别忘了你的今天是怎么来的！是我们家给了你20万！我为了你、为了这个家，辞了职，全心全力地伺候你爹娘、你儿子！做人不能没有良心！"

　　开始的时候，丈夫总是无言地忍了。看着丈夫那张隐忍的脸，晓萍就觉得特别安全，这个男人欠自己的，所以，他永远都是自己的。

　　但是，她显然低估了自己这些话的杀伤力。特别是到最后，她已经形成了习惯，每次吵架总会拿出来说道一番。在一次激烈的争吵之后，丈夫终于咬着牙说出了离婚。晓萍气得浑身发抖，忍不住又要拿出那段说词，还没说完，就被丈夫打断了："我知道，我用了你们家20万，我欠你的今天再还一次，连利息一块算上。行了吧！"

　　其实，在任何一段婚姻中，都会存在不同程度的付出和牺牲。不论男女，在婚姻面前都是有牺牲的。丈夫为了家庭，放弃了很多和家人欢聚一堂、共享天伦的时间，在外面浮浮沉沉，说不定还要受尽冷眼算计，才能换来一时的成功；而妻子为成全丈夫的事业而牺牲、割舍自己的前途。当你一旦决定走进婚姻，那么，也就意味着，你同时选择了面对这些牺牲，并且在这些牺牲上，保持缄默。你可以记得，可以偶尔拿出来念叨一下自己的付出，但切忌不可太过强调。毕竟，当时你用它换取了你们婚姻的相对平衡。可是，普天之下，做出牺牲的并不只有你一个，至少还有你的另一半，有一切和你一样待在围城里的男男女女。当你把付出当筹码不断地向他邀功请赏时，你的付出反而会累坏了婚姻。

　　智慧地付出、适度地付出是维系幸福和谐的婚姻的重要砝码。如果对方已经承受不起你的付出，最终只会让婚姻不堪重负。超额付出很有可能导致两种后果：一种是让付出者产生抱怨心理；另一种是承受者会不堪重负。

　　很多人喜欢将自己的牺牲和付出看作对对方的一种爱、一种成全。比如说放弃工作、交际圈、时间，都以为这是爱的表现形式。实际上，你放弃得越多，越没有安全感，生怕自己的放弃得不到对方的回馈。于是，"我为了你……""你这样的表现真对不起我的放弃和付出"等抱怨的话语就出现了，隐藏在这些抱怨的背后其实就是不安和危机感。而如果超额付出，但没有用抱怨的形式表达出来，而是以一种凌驾于对方之上的高姿态表现出来，在这种情况下，承受方会有种不自在和憋屈的感觉。

　　著名心理学家海林格认为，在婚姻生活中，如果付出方一味付出不懂接受，承受方很快就不想再接受另一方的付出了；如果付出太多，超过了承受方的回报能力，承受方就会产生结束关系的想法。因此，夫妻双方需要对婚姻有正确的认识，即两个独立的人选择了共同的生活方式，你们可以相互温暖、相互依靠，但是，千万不要太强调你的付出，这样你们都会很累。